陶晋生　著

历史的瞬间

——从宋辽金人物谈到三寸金莲

九州出版社
JIUZHOUPRESS

图书在版编目（CIP）数据

历史的瞬间 / 陶晋生著. -- 北京 ： 九州出版社，
2018.12

ISBN 978-7-5108-7562-5

Ⅰ．①历⋯ Ⅱ．①陶⋯ Ⅲ．①中国历史－宋代－通俗
读物 Ⅳ．①K244.09

中国版本图书馆CIP数据核字(2018)第252113号

本书中文简体字版由联经出版事业公司授权出版

历史的瞬间

作　者	陶晋生
责任编辑	李黎明
出版发行	九州出版社
地　址	北京市西城区阜外大街甲 35 号（100037）
发行电话	(010)68992190/3/5/6
网　址	www.jiuzhoupress.com
电子信箱	jiuzhou@jiuzhoupress.com
印　刷	三河市兴博印务有限公司
开　本	710 毫米 ×1000 毫米　32 开
印　张	6.25
字　数	60 千字
版　次	2019 年 2 月第 1 版
印　次	2019 年 2 月第 1 次印刷
书　号	ISBN 978-7-5108-7562-5
定　价	45.00 元

序

　　一个历史事件的发生，在时间的漫长河流中只不过是一瞬间、一个点滴而已。在无数的瞬间出现的点点滴滴，留给后世无数的故事。研究历史的人努力厘清历史事实的真相，追寻人物的功过，并且把故事说出来。

　　这本小书包括两部分：一部分是著者试图以通俗的方式，写出十至十二世纪中国的几个瞬间发生的故事，曾在《历史月刊》发表；另一部分是人物和史事的讨论和考证，其中《岳飞北伐》和《霹雳炮》两篇从未发表过，既然是考证，就需要注脚。这些故事按照发生时间的先后顺序编排。

目 录

辽金元宫廷中的年俗

辽金元三朝是契丹、女真和蒙古民族入主中原所建立的朝代。这些民族在和汉文化接触后，都接受了中原农业社会过年的风俗。

元旦惊鬼

契丹民族是保持原有风俗较多的游牧民族。由于契丹族在辽代没有久据华北，因此他们和汉人同处混合的程度不如女真和蒙古之深。

契丹皇族在过年的时候，有除夕拜火的仪式。在辽朝初期，这个仪式由皇帝亲自主持，后来则由皇帝派大臣主持。仪式中把盐和羊膏放在火炉中焚烧，并请巫人赞祝火神。到了元旦那天，又有一种特殊的风俗。皇室以糯米饭和白羊髓做成拳头大的饼赐给贵族，每帐四十九枚，于夜间从毡帐的窗子扔到外面，看引来的田鼠数目是否吉利。如果是偶数就奏乐饮宴，如果是奇数就在帐中爆盐，炉中烧田鼠；并令巫人十二名打着铃，执着箭，绕着帐幕唱歌呼叫，这叫作"元旦惊鬼"。

除了保存这些旧俗之外，契丹人采取了很多中原朝廷的礼仪。皇帝元旦接受百官及诸国使节朝贺的典礼，都是模仿中原的。朝贺先用汉乐，后用散乐、角抵，夜间皇帝宴饮则用契丹乐。

辽朝极盛时期，向契丹朝贡的国家和部落

有三十几个，包括中原的后晋、北汉、女真、西夏、高丽和日本。辽帝国的声威远播西域，以致后来很多西域人和俄人称呼中国为契丹，契丹人甚至认为宋朝也向他们进贡。实际上宋人虽然在澶渊盟约（公元一○○五年）订立后赠给契丹"岁币"，但两国间约为兄弟，外交关系以平等为原则。各国每年都要派遣使节向辽朝进贡或称贺，贺正旦使是不可或缺的。

头鱼宴和头鹅宴

辽朝皇帝经常不在京城里，而是在冬季的行在所接见贺正旦使。原来契丹皇族、外亲和大臣仍然保持着四季游猎的旧俗。他们度假的时候，像美国福特总统滑雪之余，还要办理公事一样，也要处理国家大事。这种情形尤以冬季和夏季为然，所以契丹统治者的"冬捺钵"和"夏捺钵"（捺钵即行在所、营盘）也是处理军政大事的处所。"冬捺钵"中的一件大事，就是元旦接受百官和各国使人的拜年，然后在正月上旬动身到松花江下游去从事渔猎活动。那时候在混同江上凿冰钩（不是钓）鱼，捕鹅打雁，举行"头鱼宴"和"头鹅宴"，是他们多彩多姿的主要节目。

吾见青草几度

女真和蒙古民族在兴起以前，没有过年的风俗。女真人只知道"吾见青草几度"，即以草一青为一岁；蒙古人也以青草的次数来纪年。但是女真人在建立金朝的前夕，已经开始从事相当程度的农耕活动，而不是纯粹的游牧民族。

公元一一一五年的元旦，女真酋长完颜阿骨打就皇帝位的大典中，大臣陈列了九种耕具，祝以辟土养民之意。又以花色不同的良马九队，每队九匹，及介胄弓矢矛剑等，奉上国号大金，建元收国。由此可见女真族重视农业与军事的一斑。

在汉文化的影响下，女真人在元旦要拜日相庆。皇帝元旦受朝贺的礼仪模仿唐宋，各国使臣也参加典礼。女真皇室在正月里也有春季的游猎，秋天则入山行猎，这叫作"春水秋山"。

习俗天涯同爆竹

金朝治下的汉人，尤其是迁移到东北，不能回乡的文人，过年的时候的心情是郁闷的。今录高士谈《庚戌（公元一一三〇年）元日诗》

一首，以见其感慨。

旧日屠苏饮最先，而今追想尚依然。

故人对酒且千里，春色惊心又一年。

习俗天涯同爆竹，风光塞外只寒烟。

残年无复功名望，志在苏君二顷田。

　　蒙古民族在成吉思汗时代，已经用十二物纪年，如兔儿年、龙儿年等。元世祖忽必烈时代（公元十三世纪中叶以后），元旦庆典的盛况，远非辽金二代所能及。世祖时制定的礼仪，繁文缛节，一如唐宋，又加上了蒙古和西域的习俗。

14

马可波罗东游记

　　蒙古人重视白色。世祖于元旦在大明殿接受朝贺时，必御白袍，臣民也穿白衣。向皇帝拜年的人包括皇亲国戚、僧道耆老、外国藩客，以及星者、哲人、医师和打捕鹰人。行礼之后，进贡礼物。据马可波罗的记载，国中入贡白马多达十余万匹，象五千头，及无数骆驼；象和骆驼都身披锦衣，背负金银器皿，列行于大汗前。马可波罗叹为世界奇观。

　　进贡礼物之后，宫中大开宴席。赴宴宾客都穿着同样颜色的衣服。饮食的丰饶，自不必说。肉类以羊肉为主，并有马肉。四品以上官员在殿上赐酒，五品以下则赐酒于殿门之外。食毕，余兴节目繁多。据马可波罗的记载："有无数幻人艺人来殿中，向大汗及其他列席之人献技。其技之巧，足使众人欢笑。"元人萨都剌有《都门元日》诗：

元日都门瑞气新，层层冠盖羽林军。

云边鹄立千官晓，天上龙飞万国春。

宫殿日高腾紫霭，箫韶风细入青云。

太平天子恩如海，亦遣椒觞到小臣。

化装舞会

尤其值得一提的，是宴会中的乐队。所用乐器，有兴隆笙、琵琶、筝、火不思（形如琵琶）、胡琴、方响、龙笛、笙、箜篌、云璈、箫、戏竹、鼓、杖鼓、札鼓、和鼓、纂、羌笛、拍板、水盏等。宫廷中有特别为元旦宴会演奏的乐队，名为"乐音王队"，由乐工、舞人和合唱团组成。演唱《万年歌》之曲、《长春柳》

之曲、《吉利牙》之曲、《新水令》《沽美酒》、《太平令》之曲。舞人分为若干队，依序表演，或合舞，或独舞。舞男或戴红发青面具，或戴孔雀明王像面具、毗沙神像面具、龙王面具及青面具。舞女衣冠艳丽，或执牡丹花，或执花鞓稍子鼓、日月金鞓稍子鼓等，舞蹈包括飞天夜叉之像、五方菩萨梵像及乐音王菩萨梵像等。

脱灾祈福"射草狗"

大致说来，元旦朝贺是中原礼数，而宴会中则多西域和佛教故事的风味。有关年节的蒙古旧俗，还有"射草狗"，在十二月下旬举行。届时由皇帝、皇后、太子、嫔妃及达官世家竞射草人草狗，射毕，由巫觋祝赞，目的是脱灾。另有一种脱旧灾，迎新福的习俗，在十二月十六日以后择日举行。那天皇帝皇后及太子由头至手足都用羊毛线缠系，蒙古巫觋念咒语，奉上银槽，其中焚烧米糠、酥油。以烟熏断身上所系毛线，放入槽中，再由皇帝撕碎红帛，唾三口，投入火中，最后把衣帽脱下交给巫人，他们相信这样就消除了旧灾。

总之，辽金元三代统治者的过年习俗，由其本来或西域习惯，加上汉人礼仪，合并为与中原大同小异的典礼，和一些与原始宗教有关的魔术，被除灾祸，迎接新岁。庆祝新年来临的宴会，以蒙古皇帝为最铺张，尤足反映蒙古民族建立世界帝国后不可一世的气概。

九二六年：契丹述律太后当政

　　公元九二六年（辽天显元年）的七月，契丹王朝的创建者太祖耶律阿保机突然去世，得年仅五十五岁。他的妻子述律皇后四十八岁，称制，权决军国大事。次年十一月，皇子大元帅耶律德光即皇帝位。在他就位之前的一年多里，述律太后实际掌握政治军事和外交大权。契丹民族建立的辽王朝，王室姓耶律，皇后都姓萧，述律氏就是后来的萧氏。游牧民族的妇女，地位比中原汉人的妇女高得多。京戏里著名的萧太后，就是一个女主。其实辽代有好几

19

位当权的萧太后，辽太祖阿保机的皇后述律氏应当是最英明能干的一位。

耶律阿保机在世的时候，述律氏就已经参加了国家大事。《辽史》记载她佐太祖定天下，又说她简明果断，有雄略。阿保机用兵时，她就参与策划；阿保机南下侵略幽州（今北京）就是她的主意（不过，她并没有入主中原的想法）。她知人善任，不仅能够为阿保机选择宗室才俊之士，如耶律屋质，也能重用汉人，如韩延徽。

述律氏当政的时候，发生了很多大事。其中最重要的当然是耶律德光的就位。据说阿保机的次子耶律德光得以就位，是因为阿保机和述律氏都喜欢他的缘故。两人选择继承人的故事相当有戏剧性。有一年的冬天，气候极其寒冷，阿保机命三个儿子去采薪。次子耶律德光动作敏捷，不加选择，很快地采了很多回来。

长子耶律突欲比较细心，选择干的柴火，并且
包扎好，回来得就比较慢。三子耶律李胡则采
集得最少，也最后到。阿保机对三个儿子的评
语是：

长巧而次成，少不及矣。

阿保机让耶律德光做了皇帝，封耶律突欲
为东丹国王，号称"人皇王"，都城在辽东的辽
阳。突欲因受到弟弟的压迫，后来投奔后唐，
改名李赞华。他曾写过一首诗：

大山压小山，小山全无力。
羞见故乡人，从此投外国。

李赞华善画，他的一幅画《射骑图》现存
台北故宫博物院。

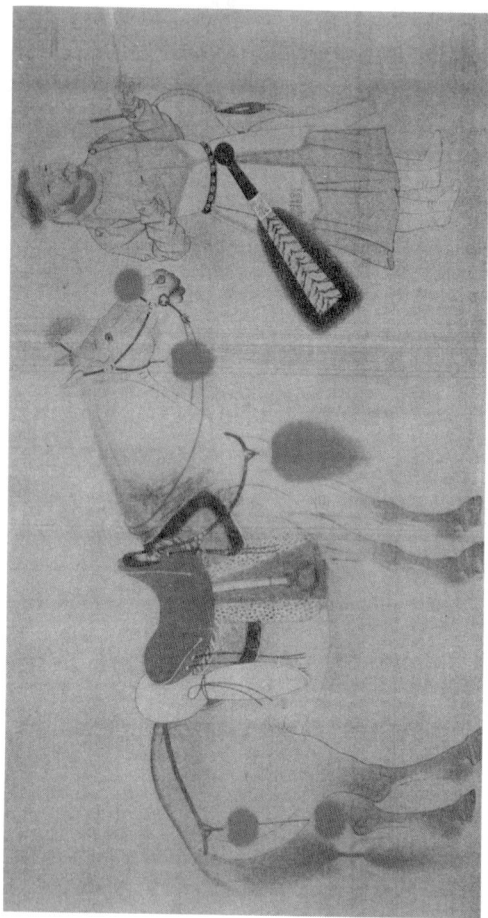

⊙ 李赞华《射骑图》

阿保机去世后，为了稳定统治，朝廷必须收揽军政大权。述律氏仗着阿保机在世时任用的功臣和善战的腹心二千人，以极为残忍的手段对付可能有二心的臣子。她在阿保机下葬时，召集一些桀骜大臣和他们的妻子。先对妻子们说："我现在做了寡妇，你们也应当和我一样。"然后对大臣哭着，问道："你们思念先皇帝吗？"

大臣回答："我们深受先皇帝的恩惠，怎么不思念？"

述律太后说："既然你们想念他，就该去见他！"

说完，就把他们杀了。这样子杀了数百人。后来轮到赵思温。思温拒绝去死，说："和先皇帝最亲近的人，就是皇太后。如果太后死，我也死。"

太后说："现在国家没有国主，所以我不能去。"说完，砍下右手腕，放到阿保机的坟墓里。

公元九三六年，耶律德光援助石敬瑭，灭后唐，立石敬瑭为晋朝皇帝。石敬瑭报答契丹的是割让燕云十六州给契丹，并且对耶律德光自称儿皇帝。九四七年，因石敬瑭的儿子石重贵不甘于向契丹称臣，于是契丹大军攻灭后晋，建立辽朝。同年，耶律德光得暴病死，才四十六岁，死前并未指定继承人，述律氏又在君位继承的纷争里扮演着相当重要的角色。

契丹民族在建立王朝之前，本来有一种由诸部落的酋长选举共主的习惯。耶律阿保机称帝后，据说听了汉人大臣的话，就放弃了选汗的习惯而传子。不过，耶律德光的继承，仍然要经过形式上的选举，就是由诸部的首长到他的马前执着马辔。耶律德光去世后，述律太后本想立其弟耶律李胡，但是大臣们认为李胡为人残忍，转而拥立其兄子耶律兀欲，即人皇王耶律突欲之子，是为世宗。李胡不服，率兵与兀欲冲突，并且抓住兀欲的妻小。因为太后的地位仍然举足轻重，这场君位继承的争执，几乎演变成一场大战。幸亏这时候老臣耶律屋质从中斡旋，几经折冲，说服了太后，双方答应谈判。《辽史》虽然简略，却记载了精彩的谈判经过。

参加会谈的包括太后、李胡、永康王耶律兀欲，和耶律屋质等。双方解剑入席，开始的时候，互相指责，并没有谈和的意思。

耶律屋质对太后说："如果太后和永康王能够释怨，为臣我才敢进言。"

述律氏说："你说罢！"

耶律屋质取了一只筹码，问太后道："从前人皇王在，为何立了先皇（即耶律德光）？"

太后说："那是太祖的遗旨。"

屋质转而问耶律兀欲："那么大王你为何不向太后报告，擅自就皇帝大位？"

兀欲回答："人皇王应当立而不立，所以去国。"

屋质说："人皇王舍弃了父母之邦，投奔唐国，为人子的应当如此吗？而你见了太后不谢罪，反而口出怨言。说太后偏爱你，又说先皇帝有遗命，如此就做了皇帝。这样子怎敢谈和？不如就打一仗罢！"

兀欲说："我父亲没有打仗，而我却不得不打，是谁的错？"说着，也取了一只筹码。大家听他这样说，都感动得下泪。

这时太后问大家："究竟国家神器应当归谁？"

屋质答道："太后顺天应人，把大位授给永康王，不会有什么问题。"

李胡厉声道："有我在，轮不到兀欲！"

屋质说："阁下暴戾残忍，人们有很多怨言。大家一致要永康王来做，这是没法改变的！"

于是太后对李胡说："你听到了吗？都是你自己不好！"

述律太后就这样同意由耶律兀欲登皇位。当时她已是六十九岁的老太后，已经没有绝对的政治权力，而其影响力仍然不可忽视。

一〇四二年：富弼与宋辽谈判

公元一〇四九年（宋仁宗皇祐元年）的春天，从青州刚回到汴京就任礼部侍郎的富弼（字彦国，一〇〇四——〇八三），得到苏舜钦（字子美，一〇〇八——〇四九）的死讯，怅然久之。可惜朋友英年早逝，得年只不过四十二岁。

苏舜钦贬官后，在苏州附近建沧浪亭，自得其乐。他的一篇《沧浪亭记》，早已传诵于朝野。富弼不觉念出这篇文章的名句：

惟仕宦溺人为至深。古之才哲君子，有一失而至于死者，多矣！

挺身而出，出使契丹

案头上仍放着苏舜钦寄来的诗作《寄富彦国》。诗中虽然颇多溢美之词，但是笔墨犹新、跃然于纸上的是朋友的一片真诚。富弼又开始捧读这首诗：

自古猾者胡与羌，胡羌相连动朔方。

奸谋阴就一朝发，直欲截割吾土疆。

遣使持书至阙下，四方物论如沸汤。

读到这里，富弼回想庆历二年（一〇四二）的三月，辽朝派遣使者萧英和刘六符到宋廷，要求归还关南地。这块土地（在今河北中部）是五代后唐的石敬瑭割让燕云十六州给辽朝的一部分，后来周世宗对辽用兵，把关南地夺取回来。也就是说，在九六〇年宋朝立国时，从后周继承关南地，而辽人则认为宋朝应当把周世宗占领的这个地区归还给他们。辽向宋提出要求，并非偶然，因为在一〇三〇年间，西夏和宋朝连年战争，而且在一〇四一年的好水川之役，把宋军杀得大败。次年辽人见机会难得，正好趁火打劫，提出要求。

宋辽之间已经在一〇〇五年订立条约，就是"澶渊盟约"，其中规定宋朝每年送三十万岁币给辽。在当年的交涉中，辽人并没有坚持收复关南地。至此，辽向宋提出土地的要求，宋君臣都认为没有道理，可是兹事体大，朝中议论纷纷，一时竟没有人愿意出来应付这个棘手的问题。苏舜钦继续写道：

天子仄席旴未尝，相君日暮犹庙堂。

彦国感慨请奉使，誓将摧折其锋芒。

只有富弼挺身而出，愿意出使契丹，于是宋仁宗（一〇一〇——一〇六三）派遣富弼为大使。出发的那天，群众夹道送行，很多人为富弼的任务担心，不知道他此行能否扭转局势，避免战祸。苏舜钦下面的两句是：

受诏驱马出都门，都人走观叹且伤。

四月初，富弼和副使符惟忠从汴京启程北上，不料途中符惟忠得急病死去。五月，由张茂实取代。国书是王拱辰（一〇一二——一〇八五）写的，婉拒了契丹的土地要求。七月，双方第一次谈判在辽廷举行，当时辽朝派到宋廷的大使刘六符出身于北方大族，为契丹人重用。刘六符除了坚持宋方归还关南地之外，还提出宋公主嫁给辽兴宗（耶律宗真，在位一〇三一——一〇五五）的要求。富弼指出辽人的要求不合理，所以他既拒绝割地，也不答应公主下嫁。他反对双方联姻的理由之一是：公主们都幼小，在年纪方面不能匹配契丹皇帝；理由之二是：双方联姻并不能保证夫妻一定可以和睦相处。原来契丹公主下嫁给西夏的赵元昊后，夫妻反目，弄得辽夏之间的关系恶化。

说服辽帝，避免战端

富弼上朝与辽帝应对时，指出两国交战，任何一方不能保证必胜。战胜时功劳归于诸将；战败则决策者的皇帝负责。再者，交战时将士掠夺战利品，皇帝得不到好处，而维持和平则岁币尽属皇室。这样的论辩打动了辽兴宗，不过他仍然希望联姻。最后辽帝命富弼回朝再议，然后将宋方条件和条约（誓书）带来。富弼回到汴京，朝野得知可以避免一战，大众为之欢欣鼓舞：

猾胡闻风已厌伏，聚听大议羞乱常。
愿如故约不敢妄，脱甲争献宝玉觞。
旆旌威迟还上国，所至观者如倾江。
杖父奔蹶喜出泣，妇女聚语气激昂。
至尊虚怀坐赭床，中人催入见未央。
对久赤日下辇道，翠华影转熏风凉。

“子美啊子美，政坛上的勾心斗角，你不是也很清楚吗？”富弼读到此处，回想当年的交涉，完全不是诗中所说的那样顺利。他回到宋廷后，朝中君臣讨论甚久。由于汉唐都有“和亲”的先例，有人主张以亲王的女儿嫁给辽太子，富弼则坚决反对和亲。在对辽的和平条件方面，最后决定以三种不同的条件带去，视谈判情形而定。条件是：一、如果公主下嫁，就不增加岁币。二、如果公主不下嫁，而辽帝能迫使西夏恢复对宋的臣属地位，则宋方愿意增加岁币银绢共二十万。三、如果公主既不下嫁，辽方也不能令西夏对宋臣服，则只增加岁币十万。富弼出发后，私自打开信封，赫然发现国书中有错误，于是急忙折回汴京。回到京城后，紧急求见仁宗，要求改正错误。同时说明他对宰相吕夷简（九七九——○四四）的疑虑，就是在国书和条件上做了手脚，使谈判无法达成协议。

七月二十二日的晚间，富弼在学士院留宿，等待翰林学士王拱辰将对辽的国书重新写一遍，改正错误。富弼心乱如麻，国事给他的压力如此之巨大，使他喘不过气来。夜半时，王拱辰重写的国书终于传到他的手上，这样他就可以次日上路，再往辽廷一行。虽然如此，富弼一夜难以成眠。出使的任务既然艰巨，加以朝廷上意见不一，宰相吕夷简一直不信任他，这次国书的内容和在朝廷上同意的条件居然有很大的出入，大概就是吕夷简的主意。如果不是他大胆将信封打开查看，到辽廷还不知道会产生怎样的结果！

接下来，苏舜钦的下面两联是：

归来堂上拜寿母，宾车塞破甘泉坊。
衣尘未涤又出使，往来绝域如门墙。

"可是子美，你不知道，我虽然牵挂着家事，却并没有时间回家探望。四月启程后，爱女病死，回国之后才知道。而再度出使，夫人有孕足月，生育时我又身在辽境，没有在她身旁！"富弼叹息。

巧计奏效，辽夏相斗

富弼第二次出使，交涉的结果是辽朝接受了第二个条件，也就是公主不下嫁，辽帝答应向西夏施压，令西夏仍向宋朝臣服。富弼力争国书上增加的银绢二十万两匹，不用"献"或"纳"这两个字，却被他的岳父，当时的宰相晏殊（九九一——一○五五），答应用"纳"字。因此王拱辰批评这次的外交，承认辽具有平等的地位，是一次大失败。苏舜钦则认为富弼的外交成功：

> 已知高贤抱器识，因时与国为辉光。
>
> 不烦一甲屈万众，以此可见才短长。

"子美呀子美，你这样说可真愧煞我了！我何才之有，又何功之有啊！"由于这次交涉的结果是宋方增加了每年赠送给辽方的岁币，富弼不认为是成功的外交，所以不居功。虽然如此，后来辽廷果然对西夏施压，西夏主元昊在压力之下向宋称臣。但是元昊对于辽帝趁火打劫，利用西夏打败宋朝的机会得到好处，愤愤不平，双方终于在一〇四四年和一〇四九年兵戎相见。辽夏两次战争的结果是两败俱伤，没有联手对付北宋。这样说来，当时宋朝的外交是成功的。因此苏舜钦认为富弼不仅是一位外交家，而且具有宰相之才：

> 彦国本为廊庙器，何只口舌平强梁。
> 使之当国柄天下，夷狄岂复能猖狂！

这最后的诗句又令富弼感慨不已，虽然后来他一度拜相，对于国事能使出的力量却有限。抵御外侮需要全国上下通力合作，不是一二人凭一己的才能可以做得到的。当时的国际局势极为严峻，他曾在一篇很长的奏折中，指出契丹和西夏联手对付宋朝：

　　二敌为患，卒未宁息：西伐则北助，北静则西动。

　　如果不思对策，国际间就失去了均衡。他对于契丹的强大国力和文化的高度发展有很深刻的认识，呼吁朝野不应当把契丹看作古代的夷狄，掉以轻心：

　　自契丹侵取燕蓟以北，拓跋自得灵夏以西，其间所生豪英，皆为其用。得中国土地，役中国人力，称中国位号，仿中国官属，任中国贤才，读中国书籍，用中国车服，行中国法令。是二敌所为，皆与中国等。而又劲兵骁将，长于中国。中国所有，彼尽得之；彼之所长，中国不及。当以中国劲敌待之，庶几可御，岂可以上古之夷狄待二敌也。

中国自古以来，有几人具有富弼对邻邦这样的认识呢?

一〇五七年的音乐会

十一世纪中叶，大宋仁宗嘉祐二年（一〇五七）的汴京（开封），春暖花开。这一天，欧阳修（一〇〇七——一〇七二）和刘敞（一〇一九——一〇六八）约好到刘敞的朋友家里聚会。

士大夫的排场

刘敞的这位朋友也姓刘。到了朋友家，已经有几位客人在座，主人请客人享受一餐丰富的酒菜。酒足饭饱，婢仆撤去饭桌，主人请欧阳修和刘敞上座，另行摆设了一排椅子和一张木床，笑着说："今天很难得贵客光临，邀了几个婢女来为大家助兴。"接着姗姗走出来五位小姑娘，各人手持乐器。为首的一位，看来不过十岁，长得非常清秀，手捧琵琶，其他几位则拿着琵琶、古筝和方响，穿着则颇普通。

刘敞对欧阳修说："这几位琴伎是杨直讲教出来的，今天特别邀来献艺。"欧阳修问："就是杨之美吗？我也听说他很会调教。"主人说："正是。"接着解释道，这杨之美名褒，华阳人，家里并不富有，却有家姬数人，歌舞绝妙。

原来这是当年有些士大夫家庭中流行的排场。表演的女子是家里的婢女或侍妾，特别加以训练。她们叫作琴伎或琵琶伎，甚至也叫作女奴；她们演奏琴、琵琶、筝、胡琴和笛子等乐器。技艺高超的琴伎可以外借，如理学家邵雍（一〇一一——一〇七七）就曾经向朋友借琵琶伎。演奏乐器的女子和歌伎或歌舞伎，多半在酒楼等公共场所表演。士人参加地方科举考试通过后，地方官设"鹿鸣宴"款待，并且为他们送行，到京城去考进士。中了进士第，皇帝以宴会招待新贵；在这种宴会中，免不了有琵琶伎及歌舞伎陪伴及表演。据说皇帝请客，邀请歌舞表演的费用却是由新科进士自己负担的。

早在十一世纪初叶，大名鼎鼎的寇准（九六一——一〇二三）听了一位歌者的歌后，赏了她一束绫绢。寇准的侍妾蒨桃写了两首应景的诗，其一是："一曲清歌一束绫，美人犹自意嫌轻。不知织女萤窗下，几度抛梭织得成。"寇准颇有感触，吟诗曰："将相功名终若何，不堪急景似奔梭。人间万事何须问，且向樽前听艳歌。"

梅尧臣（一〇〇二——一〇六〇）欣赏了刘

元忠家的丫鬟表演舞蹈，写下如此的诗句："桃小未开春意浓，稍头绿叶映微红。君家歌管相催急，枝弱不胜花信风。"

有时候方外高人参加宴会，也有歌舞表演。有一次苏东坡请客，他的好友参寥子（就是释道潜）在座欣赏歌舞，颇有所感。东坡命歌舞者求参寥子吟诗，参寥子就写了这首诗："底事东山窈窕娘，不将幽梦嘱襄王。禅心已作沾泥絮，肯逐春风上下狂。"

宰相韩琦（一〇〇八——一〇七五）退休后，回到安阳经营家园。他家有华厦、花园和池塘，所谓："池东无廪贮余粟，池西无亭挥五弦。"却"其间合奏散序者，童伎百指皆婵娟"。就是说举行宴会时，他家有由十人组成的歌舞班子表演。到了南宋，做高官的人更是奢侈。南宋初四大将之一的张俊，于宋金议和后做大生意，家里有姬侍百余人之多。

⊙音乐会

难忘的《啄木曲》

话说回来，在一〇五七年刘家这天演奏的曲子中，欧阳修和刘敞最欣赏的是《啄木曲》。欧阳以诗句描写此曲的表演：

> 大弦声迟小弦促，十岁娇儿弹啄木。
>
> 啄木不啄新生枝，惟啄槎牙枯树腹。
>
> 花繁蔽日锁空园，树老参天杳深谷。
>
> 不见啄木鸟，但闻啄木声。
>
> 春风和暖百鸟语，山路硗确行人行。
>
> 啄木飞从何处来，花间叶底时丁丁。
>
> 林空山静啄愈响，行人举头飞鸟惊。
>
> 娇儿身小指拨硬，功曹厅冷弦索鸣。
>
> 繁声急节倾四座，为尔饮尽黄金觥。
>
> 杨君好雅心不俗，太学官卑饭脱粟。
>
> 娇儿两幅青布裙，三脚木床坐调曲。

奇书古画不论价，盛以锦囊装玉轴。

披图掩卷有时倦，卧听琵琶仰看屋。

客来呼儿旋梳洗，满额花钿贴黄菊。

虽然可爱眉目秀，无奈长饥头颈缩。

宛陵诗翁勿诮渠，人生自足乃为娱。

此儿此曲翁家无。

　　小姑娘的表演，"繁声急节倾四座"，令人激赏。不过可爱的小音乐家究竟是女奴，杨家又不富裕，因此身材瘦小。这首诗是写给梅尧臣（即"宛陵诗翁"）的，欧阳和梅尧臣是很好的朋友。那年春天，他们和另外几个官员，曾经同知礼部贡举，吟咏诗作多首。欧阳和梅尧臣没有一同去听音乐，诗的末句说："此儿此曲翁家无。"可惜梅尧臣错过了机会。

　　欧阳念念不忘这场音乐会，又把诗送给刘敞。刘敞则以诗回应：

空林多风霜霰零，啄木朝饥悲长鸣。

口虽能呼心不平，谁弹琵琶象其声。

雌雄适直相丁嘤，欲飞未飞皆有情。

琵琶八十有四调，此曲独称得玄妙。

翠鬟小女眉目殊，能承主欢供客娱。

转关挥拨意滀如，坐人虽多旁若无。

醉翁引觞不汝余，歌诗弹铗归来乎。

两君韵高尚如此，何况柳上之马渊中鱼。

我生不晓世俗乐，顷卧江城更寂寞。

园中有时闻啄木，虽有高下无宫角。

木声桀然当人心，众氏之风殆可学。

渊明无弦非无意，白发秋来自少乐。

得公新诗濯我愁，因问杨子更借否。

我欲醉听江城楼。

虽然刘敞自称不懂音乐，仍然有所感触。

47

诗中提到"焱氏之风",是因听音乐而回想古代"无为帝王"的行事作风,并且希望能够有机会再听到《啄木曲》。

经过欧阳修和刘敞的赏识,这位琵琶伎就此出名。于是司马光(一〇一九——一〇八六)于次年回到京师做官,夏天里穷极无聊,也不免到杨褒家去听音乐。司马光为人节俭,他家里没有琵琶伎这种人。有一次一个叫作刘蒙的人为了筹措养家和兄长丧葬的费用,想卖一个婢女给司马光,要价五十万钱。司马光写信大骂他一顿,说:"光家居,食不敢常有肉,衣不敢纯衣帛,何敢以五十万市一婢乎?"

虽然如此,司马光对于音乐相当爱好,也有一套颇高明的看法,认为音乐有益于养生:"夫乐之用不过于和,礼之用不过于顺。二者非徒宜于治民,乃兼所以养生也。……致乐以和其内,致礼以顺其外。内和则疾疹不至,外顺则灾患不至。"

因此，这一天爱乐的司马光在家身心疲惫，遂骑马出外，邀老友圣民一同到杨家听音乐。他们听的仍然是《啄木曲》，司马光居然"三日不洗耳"！有诗为证：

坐曹据案心目疲，出门上马行何之。
阙然久不见之美，率意共往初无期。
正逢揽辔欲有适，为我却解连环羁。
闲轩适足容数客，夏木初繁有佳色。
呼儿取次具杯盘，青眼相逢喜无极。
檀槽锦带小青娥，妙质何须夸绮罗。
按弦运拨惊四座，当今老手谁能过？
弹为幽鸟啄寒木，园林飒飒风雨和。
喙长爪短跃更上，丁丁取蠹何其多。
曲终拂羽忽飞去，不觉酒尽朱颜酡。
已闻啄木曲，又观啄木歌。

雄文更复值绝艺，有如天际倾长河。

今朝壮观诚极乐，去此将奈寂寞何。

归来解带豁胸腹，坐踞胡床仰看屋。

从今三日不洗耳，耳内泠泠有残曲。

人间何物号富贵，纡紫怀金尽虚器。

如君自处真得策，身外百愁都掷置。

太学餐钱月几何，客来取酒同醒醉。

　　司马光在这首诗里称赞琵琶伎的艺术超过很多老手："按弦运拨惊四座，当今老手谁能过？"最后更点出荣华富贵都是"虚器"，不如放弃这些，以音乐和美酒来解愁。只可惜小音乐家姓甚名谁，似无人过问。

一〇七五年：雄州论谍

这一天，是大宋熙宁八年（一〇七五）闰四月十五日。雄州（今河北雄县）守臣王道恭陪着回谢辽国使沈括和回谢辽国副使李评登上雄州城楼，眺望北地景色。雄州位于燕京之南，是当时宋辽边界上的重镇。自澶渊盟约于景德二年（一〇〇五）缔订后，每年双方人使往来必经此地。宋朝致送辽朝的岁币，也在雄州北境的白沟驿移交给辽境的地方官。晚春的雄州，看来有几分江南景色。当地人称之为"塞北江南"。数年前，宋使陈襄曾题《出使诗》一首，赠给当时的知府张利一：

> 城如银瓮万兵环，怅望孤城野蓼间。
>
> 池面绿阴通易水，楼头青霭见狼山。
>
> 渔舟掩映江南浦，使驿差池古北关。
>
> 雅爱六韬名将在，塞垣无事虎貔间。

一年前（一〇七四）的三月，辽朝忽然派遣大臣萧禧为特使，到汴京（开封）向宋帝（即宋神宗）提出重画地界的要求。那时边界上曾有一些小纠纷，张利一以强硬的手段对付越界骚扰的契丹骑兵，和在界河捕鱼的北地百姓，引起王安石的不满。王安石认为这些事件应当按照自澶渊盟约以来的外交惯例，以谈判的方式解决，而不应当用强硬的手段，使紧张情势升高，他甚至撤换了张利一。虽然如此，边界的扰攘并未平息。辽使到了汴京，宋君臣答应派人调查边界，解决问题。至此，谈判已经一年，辽人再度派萧禧来催促。宋神宗乃选派沈括为特使，曾经出使过的李评为副使，到辽廷直接交涉。

可是，王道恭告诉沈括，这一天他们两人仍然不能成行，因为白沟驿有报告，说白沟河（即界河）对面的辽国守臣表示拒绝宋使入境。同时，雄州派出去的间谍也回报，契丹大军集结在河北和山西沿边，等待宋人割地。如果宋人拒绝辽方的要求，北朝（辽）终必对南朝（宋）用兵。

沈括听了，叹道："如此我等只好在这里叨扰了。"

王道恭忙道："学士说哪里话来！道恭正有很多事情求教。学士博学多闻，今天能在这里作几天客，实在太难得了！"

一行人回到雄州府衙。王道恭吩咐左右设

宴摆酒，款待这位后世认为是中国近古最伟大的科学家沈括（一〇三一——一〇九五）。

酒过三巡，王道恭极为客气地说：

"前一阵子学士在河北巡查，曾经向皇上奏报，说恢复战车这件事不可行。道恭佩服得紧！"

沈括摇摇头：

"不。这是我来河北之前的事。皇上问我听说过征收民间的马车用来作战的计划没有？我答道：古时的车战用的是轻型的兵车；今天民间的车是用来搬东西的，既笨且重，一天走不了三十里，有什么用处？皇上听了，就打消了这个计划。"

王道恭问：

"听说你从河北回朝上了一道奏折，指出河北边防一些亟待改进的事，皇上十分欣赏。似乎你还附了几张地图，对不对？"

沈括清癯的脸上，泛起一抹红光：

"我倒是颇注意山川地理，的确画了地图，其实，我这次被命出使，还是另一张地图引起的呢！"

"我也听说了，据说王丞相对这张图很有意见。"

沈括有点兴奋起来：

"对了，希望这件事不至于开罪王介甫（安石）。原来，我上了那道奏章后，皇上就有意把我调职。正好契丹特使萧禧到朝廷提出重画地界的要求，皇上问我愿不愿意出使，我答应了。于是按照规定，到国信所去查看历年来关于北边地界的档案图册，发现契丹人的要求完全站不住脚。根据这些档案，我写了一封奏折，并且用木板胶泥制作了一张地形图，标明契丹人争执的地点，南北超过了三十里。皇上看了大惊，对我说：宰臣们不考究本末，几乎坏了国家大事！他把这幅地图交给介甫，要他以此为根据去交涉。其实这个证据对国家有利，朝廷可以不致吃亏。对我来说，那张地图竟值一千两银子，是皇上赏的。"

王道恭连忙举杯，笑着说：

"妙极！妙极！我在京城也听说此事。恭喜！恭喜！"

原来王道恭到任不久，他是这年年初调到雄州去代替冯行己的，而冯行己则是朝廷派去调查张利一的临时守臣。沈括端起酒杯，一饮而尽，问王道恭：

"照你看，这回契丹人会不会真的动兵？"

"我看不会。不过我们派出去的间谍倒十有八九认为契丹大军颇有入寇的可能！"

"间谍的探报，应当是可靠的吧？"

"也不尽然。有时是故作惊人之语，要我们听了，加重赏银，叫他们去继续探听。其实他们的收入也有限，每探得一件事，所得不过两三千钱而已。"

"真有此事？"沈括不能相信冒着性命的危险去刺探消息的人，报酬如此微薄："这回契丹使人到汴京，朝廷悬赏，凡抓到一个契丹间谍，赏钱一千贯呢！听说契丹间谍竟渗透到汴京城里去了，真是可怕！"

"我方的间谍工作也颇不错呢！"王道恭强调，"庆历年间，契丹人要求割地，使人尚未到此，知雄州杜惟序和知保州王果都先已购得契丹国书文稿，向朝廷密报。契丹使人到汴京时，仁宗君臣都已有了防备。"

"那次交涉，富公（富弼，一〇〇四——一〇八三）的功劳最大。"李评插嘴，"还记得他和辽使对对子的事吗？"

"请道其详。"王道恭问。

"辽使出上联：早登鸡子之峰，危如累卵。

富公对：夜宿丈人之馆，安若泰山。"

"妙对！"王道恭说，"尤其是鸡子峰对丈人馆。"

"还有呢！"李评很得意，"辽使出的上联是：酒如线，因针乃见。富公对的是：饼如月，遇食则缺。"

"过去在此地，谁最会用间谍？"

沈括还是对间谍有兴趣。

"应当是李允则吧！"王道恭想了想，"本地人告诉我他的两个故事。那时去澶渊缔盟不远，敌我双方还没有尽消敌意，间谍活动频繁，守臣的责任特别重。"

接着，王道恭讲了两个故事。有一次，雄州的间谍向李允则报告，有一个契丹大官偷偷派人到汴京去订购一种特制的小炉，用来烧茶。李允则就以重赏在雄州制造同样的茶炉，在榷场（注：传统中国对外族开放的贸易商场）里向北地商人夸耀其制作如何精巧，等到辽官派的人回去以后，就把仿造的全部收回。这样一来，辽人相传，认为李允则向这位辽官行贿勾结，买得了他的茶炉，后来这个辽官竟被辽人处死。另一个故事，是抓到一个辽方间谍，不予处罚，反而厚待他。李允则发现他所刺探的消息并不确实，就把真实的消息给这个间谍。这人要求把资料密封加印，李允则也照办了，然后给他很多赏银，放他回去。不久，辽谍又回到雄州，不但把上次密封的情报原封不动地还给李允则，而且向李允则提供辽方的兵马、财力、地理等情报，这是李允则反间成功的一件大功劳。

"我们派去的都是些什么人呢？"沈括问。

"大都是本地人，有的是买通辽境的汉人。有时候派去的人装扮成和尚，而这些和尚实际上是间谍。"

"听说最近此地还处决了一个我方的间谍。有这回事吗？"

"有的。"王道恭皱着眉头，"这人叫王千。他到白沟驿的一个庙里放火，然后向我们报告，说是契丹的间谍放的。"

"现今是否只有雄州派人到辽境去？"

"事关国家机密，我不应当说。"王道恭故作神秘状，"不过我可以告诉你，为了争取赏金，有时我们得到太多的消息，而且其中有很多重复的。我认为应当成立一个统一指挥部，控制所有的间谍，并且可以再比较分析探得的情报。"

"对。"沈括同意："我们应当向朝廷建议。"

这时，天色已是黑沉沉的。在烛光下，沈括不禁谈起在边界交涉中，有人批评王安石的事。宋辽两国自澶渊之盟缔结到此刻，已经和平相处了七十年之久。宋人的边备松弛，不免引起敌人的觊觎之心。这一次契丹人提出重画疆界的要求，也许目的在试探宋方的虚实。王安石一直不把这事看得很要紧，曾经说过"将欲取之，必姑与之"的一句话，意思是如果契丹坚持要割地，现在可以让步，将来国富兵强，还是可以收回来的。这话是在什么情况下说的，甚至他究竟说过这句话没有，沈括认为都有疑问。

不过，汴京城里反对王安石改制的人，就用这话来攻击他。沈括当然也反对在任何情况之下放弃疆土，但是他指出，王安石素来主张先安内，后攘外；在安内工作没有大致就绪以前，王安石不愿意对契丹过分强硬。近来王安石的态度有了转变，也渐趋强硬了。

王道恭问沈括：

"听说你这次就任回谢辽国使，大家都觉得这差事很危险。如果契丹人要加害于你，怎么办？"

"皇上也问过这话。我的回答是，大不了一死。"沈括感慨地说，"皇上的确是一个大有为之君。他劝我不要轻易以死来争一口气，应该以国事为重，把事情办好。看当前契丹人的气势如此之盛，我倒想借你的笔墨一用。"

王道恭命左右摆好纸笔，亲自为沈括磨墨，看他是否要赋诗明志。不料沈括略一迟疑，振笔疾书，却是托他哥哥沈披转给宋神宗的一封"遗奏"，大意是说，做臣子的他如果不能回朝，敌人必定入寇，那时必须坚壁以守，并且在必要时决黄河河堤来淹契丹的军队。王道恭和李评看得心惊肉跳，尤其李评，本来喝得脸红红的，一下子变得苍白。

沈括抬头，看见大家鸦雀无声，觉得不应当如此扫兴，目光转向墙壁，见墙上似有人题过一些诗句，就踱过去看。当即有人把烛台端过去，就着烛光，沈括念了一首两次出使契丹的苏颂的诗，题为《初过白沟北望燕山》：

青山如壁地如盘，千里耕桑一望宽。

虞帝肇州疆域广，汉家封国册书完。

因循天宝兴戎易，痛惜雍熙出将难。

今日圣朝恢远略，偃兵为义一隅安。

自古燕云十六州本是汉家疆域，从后晋的石敬瑭引狼入室，认贼作父，把燕云十六州割让给契丹（九三六）以后，到此时已历一百四十载。宋太宗锐意恢复，两次北伐，可惜未能成功。苏颂"痛惜雍熙出将难"，是指雍熙三年（九八六）二次出师，大败于歧沟关之役。沈括等哪里知道，燕云百姓直到明太祖取代蒙元，才得以重着大汉衣冠呢！

沈括又见鼎鼎大名的欧阳修有诗一首，他念了最后几行：

讲信邻方睦，尊贤礼亦隆。

斫冰烧酒赤，冻脸缕霜红。

白草经春在，黄沙尽日濛。

新年风渐变，归路雪初融。

祗事须强力，嗟予乃病翁。

深惭汉苏武，归国不论功。

读毕，回头对李评说：

"欧公诗的最后两句，也是我们两人的写照。"

后话

史载沈括在雄州留二十余日，于闰四月下旬过白沟，五月二十五日才抵北庭，六月五日动身返国。他和辽朝南宰相谈判六次，据理力争，不曾让步。熙宁九年（一〇七六），宋辽重画地界完毕，结果宋人在山西遭到若干损失。但是那时王安石已经不居相位，沈括也于返国后调职，去负责财政方面的事务，没有参与外交谈判或决策了。

苏轼、苏辙兄弟情深

转朱阁，低绮户，照无眠。

不应有恨，何事长向别时圆？

人有悲欢离合，月有阴晴圆缺，此事古难全。

但愿人长久，千里共婵娟。

——苏轼《水调歌头》

苏轼（字子瞻，一○三七——一一○一）与苏辙（字子由，一○三九——一一一二）兄弟同年登第，同为大文豪。苏氏文章擅天下，苏洵（一○○九——一○六六）与二子世称三苏，洵为老苏，轼为大苏，而辙为小苏。轼、辙又常并称二苏或两苏，如谢逸（一〇七七）的诗句："儒林丈人称两苏。"

师友实兼

苏轼生于宋仁宗景祐三年，比苏辙大三岁。两苏秉性不同：大苏豪迈，小苏"旷达，天资近道"，又"和而清"（苏轼语）。两人自幼兄友弟恭。苏辙感旧诗云："结发皆读书，明月入我扉。纵横万余卷，临纸但挥手。"苏辙在兄长去世后写的祭文里说他们两人"手足之爱，平生一人"，"寒暑相从，逮壮而分"；又曾说："辙少而无师，子瞻既冠而学成，先君命辙师焉。"祭亡嫂文中说："辙幼学于兄，师友实兼。"也就是亦师亦友。

两苏幼时，父亲和母亲程氏对他们教导有

方。苏洵曾对人说他的两个儿子很"野"，但是也因两人饱读书史，引以为傲。苏洵发愤读书，游学于四方时，妻子就母兼父职，担起了教育两人的责任。

苏轼一生乐于游山玩水。两兄弟自幼读书之外，就喜欢游玩，享受大自然的乐趣。苏轼曾写诗给晁美叔说当年在眉州没有可以谈得来的朋友，所以弟弟也就是最好的朋友："我年二十无朋俦，当时四海一子由。"（《送晁美叔发运右司年兄赴阙》）苏辙则很谦逊地说："自信老兄怜弱弟，岂关天下少良朋？"

嘉祐元年（一〇五六），苏轼二十一岁时，和苏辙一同到汴京参加科举考试。两人于次年同榜登第，是一时佳话，所谓"衣冠盛事"。欧阳修对人说："苏氏昆仲，连名并中，自前未有，盛事，盛事！"在宋代，同榜登第的进士是"同年"，其间的关系特别深厚，在社会和政治方面都互相援引，而苏轼和苏辙间也就加上了这一层关系。

苏轼所作与苏辙的唱和诗共约一百二十首（有的诗疑非他的手笔），苏辙诗约二百六十首。从大量的诗歌里，颇能窥见两人友爱之一斑。

人生到处似飞鸿

苏轼和苏辙的仕宦生涯则使他们两人分道扬镳。嘉祐六年苏轼初次任官，赴凤翔，苏辙则在汴京侍奉父亲。此后两兄弟相聚的时间就比较少，只好以书信和诗篇往来。这些诗中充满了怀旧和思念，如东坡的《和子由渑池怀旧》的名句：

人生到处知何似，应似飞鸿踏雪泥。

泥上偶然留指爪，鸿飞那复计东西。

为了生活，亲人分离，不能相聚，所以东坡在过年的时候慨叹：

薄宦驱我西，远别不容惜。
方愁后会远，未暇忧岁夕。
强欢虽有酒，冷酌不成席。

连做梦也回到家乡："三年无日不思归，梦里还家旋觉非。"聚少离多，诗人多感叹。熙宁二年（一〇六九），《颍州初别子由》其一云：

征帆挂西风，别泪滴清颍。
流连知无益，惜此须臾景。
我生三度别，此别尤酸冷。

其二云：

咫尺不相见，实与千里同。
人生无别离，谁知恩爱重。

元丰元年（一〇七八）的《中秋月寄子由》三首之二曰：

六年逢此月，五年照离别。
歌君别时曲，满座为凄咽。

一有机会，两人就设法相聚。元丰三年，苏轼赴黄州贬所途中，苏辙自归德来聚首三天。苏轼诗有句："奔驰二百里，径来宽我忧。"在黄州时，苏辙又来相见，同游寒溪西山。苏轼有句："与君聚散若云雨，共惜此日相提携。"

东坡所写脍炙人口的《西江月》词，末两

句："中秋谁与共孤光？把酒凄然北望。"也是在黄州想念苏辙之作。

绍圣四年（一〇九七），苏轼贬琼州。至梧州，闻苏辙贬雷州，尚在藤州。苏轼遂追遇其弟于藤州，同行至雷州。当时苏轼病痔叫苦，而苏辙也彻夜不眠，诵陶渊明诗，劝其兄戒酒。苏轼以原韵唱和，作为赠别。

时来与物逝，路穷非我止。

与子各意行，同落百蛮里。

萧然两别驾，各携一稚子。

子室有孟光，我室惟法喜。

相逢山谷间，一月同卧起。

茫茫海南北，粗亦足生理。

他时夜雨独伤神

苏轼为人豪迈耿直，不平则鸣。如朝廷兴律学，苏轼批评道："读书万卷不读律，致君尧舜知无术。"因此屡次遭到贬谪，甚至几乎性命不保。元丰二年苏轼被朝臣攻击，说他所作的诗文多讥讽时事，愚弄朝廷，众口铄金，皇帝相信，因而下狱。所谓"乌台诗案"，是以东坡有关时政的诗作为谤讪朝廷的罪名，其中有关苏辙的诗句，如"至今天下事，去莫如子猛"，本是夸赞苏辙为争原则而辞官；"眼看时事力难胜，贪恋君恩退未能"，本是说能力不够，都成了罗织的借口。当时东坡自以必死，就以后事托付其弟，在狱中写了这首诗给他：

圣主如天万物春，小臣愚暗自亡身。

百年未满先偿债，十口无归更累人。

73

是处青山可埋骨，他时夜雨独伤神。

与君今世为兄弟，更结来生未了因。

如果当时苏轼不免一死，苏辙只能夜雨独伤神了。

苏辙见兄长下狱，心急如焚，上书求皇帝赦免，说："臣早失怙恃，惟兄一人相须为命。"请求以自己的官位来为兄长赎罪，如果皇帝能赦免其兄，则两人必定"粉骨报效，惟陛下所使，死而后已……"从这件事可以体会他们兄弟间的深厚感情，苏轼终因张方平（一○○七——○九一）等人救援而幸免。

夜雨何时听萧瑟

熙宁七年（一○七四），苏轼罢知杭州，权

知密州。九年，移知河中府。十年的二月，苏轼在往河中府途中，改知徐州，与在京师为官的苏辙相会于徐州。苏辙诗《逍遥堂会宿》的小引谈到他们两人从前每天一起念书，曾经相约早日退隐，能够一同过着淡泊的生活：

辙幼从子瞻读书，未尝一日相舍。既壮，将游宦四方，读韦苏州诗，至"安知风雨夜，复此对床眠"，恻然感之，乃相约早退，为闲居之乐。故子瞻始为凤翔幕府，留诗为别曰："夜雨何时听萧瑟？"其后子瞻通守余杭，复移守胶西，而辙滞留于淮阳、济南，不见者七年。熙宁十年二月，始复会于澶、濮之间。相从来徐，留百余日，时宿于逍遥堂。追感前约，为二小诗记之。

这里提到苏轼的诗，上句是"寒灯相对记

畴昔"。苏辙诗曰：

逍遥堂后千寻木，长送中宵风雨声。
误喜对床寻旧约，不知漂泊在彭城。

秋来东阁凉如水，客去山公醉似泥。
困卧北窗呼不起，风吹松竹雨凄凄。

苏轼的和诗是：

别期渐近不堪闻，风雨萧萧已断魂。
犹胜相逢不相识，形容变尽语音存。

但令朱雀长金花，此别还同一转车。
五百年间谁复在？会看铜狄两咨嗟。

兄弟两人的唱和，常以相聚为主调，如

《初秋寄子由》云：

买田秋已议，筑室春当成；
雪堂风雨夜，已作对床声。

两兄弟一直憧憬着有重聚后的日子，苏轼写道："今者宦游相别之日浅，而异时退休相从之日长。"他对此还有如下的诗句：

对床定悠悠，夜雨空萧瑟。
对床老兄弟，夜雨鸣竹屋。

苏辙出使诗也有"夜雨从来相对眠，兹行万里隔胡天"。从这些诗句可以知道两兄弟始终没有忘情于同度退隐后的生活。

诗中亲情

二苏的唱和诗包含的情景和事物颇多。感旧、为官的事务；游历、旅行中的见闻，如游山玩水，以及苏辙出使契丹，记述风俗如蚕市、踏青、海南黎民的风俗；讨论书法，欣赏风景、图画；咏物如花园、花卉、树木、虫、砚台；朋友聚会饮宴，食物如猪肉；家中的大小事件如庆祝生日、生孩子、病痛、置屋业、种菜、馈赠、天气冷暖、幽默小事，甚至梳头、沐浴等。换言之，一般亲人在书信里谈论的事情，包括日常生活的琐事，都会以诗歌来吟咏。苏轼贺苏辙得第四个孙儿有句云："无官一身轻，有子万事足。"

苏辙说他的哥哥书法了不起："吾兄自善书，所取无不可。"苏轼和他讨论，颇为自傲地说："吾虽不善书，晓书莫如我。苟能通其意，常谓不学可。"也就是说，学书法必须了解法外之意。

苏轼的兴趣是多方面的。据苏辙说他的箭术相当高明："吾兄善射久无敌。"有一次他忽然又练起射箭来，苏辙听说此事，就写了一首诗《闻子瞻习射》：

> 旧读兵书气已振，近传能射喜征蓍。
> 手随乐结宁论中，箭作鸱声不害文。
> 力薄仅能胜五斗，才高应自敌三军。
> 良家六郡传真法，马上今谁最出群？

东坡和诗曰：

> 中朝鸾鹭自振振，岂信边隅事执蓍。
> 共怪书生能破的，也如骁将解论文。
> 穿杨自笑非猿臂，射隼长思逐马军。

观汝长身最堪学，定如鹘羽便超群。

说乃弟个子高，适合练习射箭，劝他试试看。

苏轼对于家人极为照顾，尤其视苏辙的子女如己出。在他的诗中，常把侄儿迟、适、远和自己的儿子迈、迨、过并称，如"我家六男子，流落三四州"，又"六子晨耕箪瓢出，众妇夜绩灯火共"。其中特别钟爱苏远，远小名虎儿，东坡有《虎儿》和《寄虎儿》诗。

此痛难堪

苏轼在海南贬所时，苏辙作生日诗，仍不忘再相聚："归心天若许，定卜老泉室。"元符三年（一一〇〇），东坡放逐归来，次年，决定居常州。六月感疾。何薳记东坡临终前的情形说：

> 先生独卧榻上，徐起谓某曰：万里生还，乃以后事相托也。惟吾子由自再贬及归，不复一见而诀，此痛难堪。

苏轼于入仕时，与苏辙相约早日退隐的愿望，不但未能实现，而且临终没有见到弟弟一面，可说抱憾以终。

苏东坡的母亲

北宋时期，我国社会逐渐走入近世。新兴的士族为了维系其政治、经济和社会地位，一方面督促子孙读书应举，以求功名禄位；一方面经营田产，对内加强族人的团结互助，对外扩展与其他士族的婚姻关系。士族妇女在这种变迁的社会里，扮演了相当重要的角色。

当时的士族妇女，或生长于富裕家庭里的妇女，似乎大都有机会读书识字。这些妇女的传记（墓志）著者，为了表扬死者，多半会记载她们读书的这件事。著者们尤其把夫死守寡、抚养和教育儿女的妇女的事迹，大书特书。因此，我们可以从现存的传记资料里，窥见当时士族妇女受教育的大致情形。传统中国妇女的活动，大致限制在"男主外，女主内"的范围之中。一般来说，她们所受的是家庭教育，程度也不高。虽然如此，当时有些家庭里，由于丈夫忙于工作，无暇教育子女；或者有其他的原因，不注意子女的教育，于是妻子就肩负了督促或教育子弟的工作。又如士大夫过着游宦的生活，有的在外地做官，把妻子留在家乡。遇到这种情形，士族妇女在夫家，就要担当外事。只有受了教育的妇女，才能胜任这样的职责。例如胡则妻陈氏出嫁后，夫中科第。陈氏不从夫行，达二十年之久，在家侍奉公婆。我们可以看到不少妇女兼主内外的例子，苏东坡的母亲就是一个代表。

相传苏东坡的父亲苏洵，到了二十七岁才

开始读书，他自己则说是二十五岁开始的。后来成了一代文豪，和两个儿子苏轼、苏辙号称三苏。《三字经》里苏洵成名的故事，历来妇孺都知道，可是苏洵的成功是由于他的妻子程氏的帮助，则鲜为人知。

程氏是眉山人，大理寺丞程文应的女儿，生于公元一〇一〇年。程家很富有，程氏受了很好的家庭教育。司马光为程氏写的墓志里，赞美她"喜读书，皆识其大义"。程氏嫁给苏洵时，年十八岁，苏洵十九。苏洵家极贫穷，结婚以后生活困难。有人向程氏建议，可以求助于娘家，程氏拒绝，不愿意让人家说她的丈夫靠她家维生。苏洵自己也说他婚后"游荡不学，程氏耿耿不乐"。有一天，苏洵终于觉悟了，对程氏说，他觉得决心读书还来得及。程氏回答说，她早就希望丈夫能专心于学问。苏洵说，如果专心念书，就没法赚钱养家。程氏道，她可以独力撑持家务。于是，程氏变卖了嫁妆，开始"治生"，而且相当成功，几年间就成了富家。苏洵自记他从二十五岁发奋读书，如此七八年。在他二十八岁的时候（一〇三六），苏轼出生。三十岁时，长子景先卒。次年（一〇三九），苏辙生。苏洵把家务和养育儿子的责任交给程氏，虽然是为了长远打算，我们却可以想象，程氏一方面主持家务，一方面养育儿女，担子是多么的沉重。

在苏洵努力读书，以及出外游学的期间，程氏不仅兼主内外，而且亲自教育苏轼和苏辙兄弟。苏辙记述他的母亲"生而志节不群，好读书，通古今，知其治乱得失之故。"又说当苏轼十岁的时候，苏洵"宦学四方。太夫人（程氏）亲授以书。""太夫人尝读《东汉史》，至《范滂传》，慨然太息。公（苏轼）侍侧，曰：轼若为滂，夫人亦许之否乎？太夫人曰：汝能为滂，吾顾不能为滂母耶？公亦奋厉有当世志。太夫人喜曰：吾有子矣！"原来范滂牵涉到党锢之祸，与母亲诀别。母亲对他说，一个人有了大名，又想长寿，二者如何可以兼得？这件事也许和后来苏东坡兄弟都性喜直言有关系。

苏洵究竟离开家庭多久？从有关的资料里，可以推知大约两年，是在东坡十岁的事。东坡自记他十岁的时候，父亲"宦学四方"。两年后回家，闭门读书，并教育两子。

程氏一共生了六个子女，只有苏轼兄弟存活。她的幼女很像她，能够写文章。可见她也教育女儿，可惜于十九岁出嫁后不久就死了。

程氏还做了一件特别的事。当苏东坡兄弟成人后，她很慷慨地把家财用来帮助族人嫁娶，乡人有急事的，她也周济他们。她的理由是：一个家庭里，财产太多并不是福气，把财产留给儿孙，会害了他们。从这件事也可以知道，程氏在苏家是操持了所有的权力，做所有的决定的人。

这位杰出的妇女比苏洵先去世，得年四十八岁。死的那年（一〇五七），苏东坡兄弟刚中进士第，苏洵也在京师，丈夫和儿子都没有在她身旁。

女真民族英雄完颜宗弼（兀朮）

南宋初年，宋金间战争频仍，在长期的战争中，崛起了很多英雄人物。就宋方而言，对金斗争有所谓"十三处战功"①。抗金名将有张、韩、刘、岳四大将，及川陕方面的吴玠、吴璘兄弟。就金方来说，除了金初侵灭北宋的完颜宗翰、宗望、希尹、昌等几位大将之外，能够继起与宋抗衡的人物，应数完颜宗弼（即兀朮）。

---

① 十三处战功见李心传：《建炎以来朝野杂记》（台北：文海出版社《宋史资料萃编》），甲集卷十九，"十三处战功"。

由于宗弼屡次与南宋诸将交锋，在宋人资料里留下了不少记载，而这些记载大都因基于敌对的立场，对宗弼的功业颇加抹杀。在后来民间流传的故事和戏曲中，更把宗弼描绘成了一位常败将军。但是，如果从金人的立场来看，则宗弼是一位出将入相，对金朝有极大贡献的女真英雄。他不但在军事方面东西奔驰，抵挡南宋诸将的北伐，而且在政治方面剪除野心大将，集中权力于中央政府。最后于一一四一年一手造成了南宋和金朝之间订立的和约，迫使宋高宗赵构称臣纳贡。这一条约所规定的金宋君臣的地位，只有在《金史·宗弼传》中可以见到实际的记载，也就是在宋人的誓书中，赵构自称"臣构"、"谨守臣节"①。本文希望就现有史料中有关宗弼的记载，观察完颜宗弼的事功，

① 脱脱等：《金史》（标点本），卷七十七，页一七五五。

并且讨论对他评价的问题①。

完颜宗弼（卒年一一四八）本名斡啜，又作兀尤，或斡出、乌珠，是金太祖完颜阿骨打的第四子。自女真民族崛起东北，发动对辽战争，宗弼就从军立功。女真侵略北宋时，宗弼跟随着完颜宗望，参加很多战役。宗望死后，宗辅为右副元帅，宗弼仍在东路军中，转战于河北、山东一带。公元一一二七年，北宋灭亡，宗弼于一一二九年至一一三〇年，追击宋高宗赵构，于和州渡江，降江宁府，跟踪赵构到浙江，接着攻陷杭州，宋高宗自越州奔明州。宗弼遣阿里、蒲卢浑追击越州，在明州金兵与宋将张俊战，失利。宗弼增兵攻下明州，命阿里、蒲卢浑在海上追逐高宗三百余里，不及而还。

---

① 现代史家关于兀尤的研究，有张博泉：《略论完颜宗弼》，《学习与探索》，一九八三年五月：一二二——一二八。

虽然明州之役，是宋人十三处战功的第一功，但是该地还是被金兵攻占。

宗弼自杭州回师，攻取秀州、平江、镇江等地，只有在平江遭遇陈思恭的抵抗，思恭"小捷而退"。太湖之役不属于南宋初十三处战功之一，也不见于《金史·宗弼传》[①]。宗弼欲从镇江北渡长江，却被韩世忠的舟师所扼。宗弼循长江南岸，韩世忠循北岸，且战且行。至黄天荡，宗弼因老鹳河故道开河三十里通秦淮，一日一夜而成，遂至江宁。最后与韩世忠决战，宗弼以火箭射世忠大船，焚烧了宋人的舰队，遂败世忠，得以渡江北还。

一一三〇年九月，金主调宗弼自京西入关，在陕西与张俊战于富平，张俊大败。南宋几尽

---

① 李心传：《建炎以来系年要录》(《丛书集成》本，以下简称《要录》)，卷三十二，建炎四年三月癸卯朔。

失陕西地，仅保有成、岷、凤、洮五郡，凤翔府的和尚原，和陇州方山原等险要[①]。同年十月，宗弼进军和尚原，为宋将吴玠所败。宋人记载，宗弼中二矢，"自入中原，其败刃未尝如此。"[②]《金史·宗弼传》也说："宗弼大败，将士多战没。"次年再攻和尚原，则成功占领该地，但是进一步攻击仙人关，又被吴玠打败[③]。虽然如此，宗弼因军功而晋升为右副元帅，封沈王。西进的计划受阻，宗弼又回到东面，屡次与伪齐合兵入侵。

在政局方面，一一二九年，完颜宗翰和完颜昌合力树立刘豫傀儡政权，国号齐。自此金人对宋的直接军事行动减少。同时，内部的政治斗争迭起。首先是宗磐和昌等联合对付宗翰。

① 《要录》，卷四十三，绍兴元年三月，是月条。
② 《要录》，卷四十八，绍兴元年十月乙亥。
③ 《要录》，卷七十三，四年二月辛丑，三月辛亥朔。不见于《宗弼传》。

宗翰死后，宗磐和昌大权在握，主张与南宋议和。一一三七年废刘豫，将黄河以南之地还给南宋①。在这一段政争期间，宗弼开始时并未牵涉在内，但后来显然站在拥护皇室的宗幹一边，与宗磐和昌对抗。

一一三九年，完颜希尹与宗弼不和，宗弼联合秦王宗幹杀希尹。接着将宗磐和昌等对宋较友善的人物一一剪除。至此，宗弼代昌为都元帅，封太保，领行台尚书省，成为在中原最有权势的领袖②。在这些政争里，宗弼以一个沉着而凶狠的阴谋家，脱颖而出。在政治上，他代表了拥护王室中央集权的一群人，为巩固王朝而排除

---

① 参看拙著《完颜昌与金初的对中原政策》，《边疆史研究集——宋金时期》（台北：商务印书馆，一九七一），页三三一四九。
② 《金史》，卷七十七，《宗弼传》；参看徐梦华：《三朝北盟会编》（台北：文海出版社影印本），卷一九七。

了强大的地方势力，其贡献是不容否定的。

金朝政府里的主和派既被除去，宗幹和宗弼分主内外，对宋政策遂有很大的转变。一一四〇年五月，金廷下诏，命宗弼对宋"兴师问罪，尽复疆土"。在宗弼的指挥下，金共分四路南进，而以宗弼大军直指开封。不久宗弼就接受了开封留守孟庾的投降。但是从开封南下却遭到了刘锜的抵抗。顺昌之役，金兵大败。同年，岳飞出师，败宗弼大将韩常，克复颍昌。继而宋兵取陈州、郑州和洛阳；岳飞再大败金军于郾城和颍昌，据说宗弼之婿战死①。

淮西方面，宋军虽然于柘皋一役得到胜利，但不久杨沂中被金军在濠州打败。不过金兵并没有力量再向前推进，于是宗弼改以外交手段，

---

① 这些军事行动，参看邓广铭：《岳飞传》（北京：人民出版社，一九八三），页二八二—三一一。

引诱宋廷议和。从议和的过程来看，金方最主要的主政人物就是宗弼，有全权谈判和约的条件。从和约缔结的情势来看，当时宋金双方兵力相当，而宗弼竟能利用赵构求和的弱点，为金朝取得对宋的宗主权和宋进贡的岁币，不可不说是对宋外交上的一大胜利[1]。

对于宗弼战功的评价，若只从宋人的观点来看，则宗弼似乎从来不曾打过胜仗。如王曾瑜说：

> 兀术在绍兴元年以后，主要参加了和尚原、仙人关、顺昌、郾城和颍昌五次大战，每次都大败亏输[2]。

---

[1] 参看邓广铭：《岳飞传》（北京：人民出版社，一九八三），第十八章，页三四一——三四九。

[2] 王曾瑜：《岳飞新传》（上海：上海人民出版社，一九八三），页二六八。

其实和尚原不久后仍被宗弼攻下，而宗弼战胜的黄天荡、富平、和尚原，和濠州诸役，重要性不在上述战役之下。《金史》对宗弼战败的史实，并不讳言。但这些战役的胜负，并没有动摇金人在整个宋金战争中所保持的略为优势的地位。因此，作为统帅的宗弼，其战功之伟是显而易见的。

宋方若干关于宋军击败宗弼的记事，甚至不为李心传所取。如陈思恭太湖小捷，熊克《中兴小纪》云："几获乌珠，李心传不取①。韩世忠大仪之捷，李心传谓：以诸书参究，此时完颜宗弼实不在大仪军中。"②

在"十三处战功"中，以宗弼为对手的只有和尚原和顺昌两役。前者如前述，宗弼不久

---

①《要录》，卷三十二，建炎四年三月癸卯朔。
②《要录》，卷八十一，绍兴四年十月戊子。

再攻，得到胜利。后者则《宗弼传》只是简单指出他"取亳州及顺昌府"。十三处战功以外，陈思恭太湖、张俊等拓皋，及岳飞的几次胜利，都显示南宋诸将和宗弼交战，胜负参半。应当指出的一点是，宗弼和南宋诸大将都曾交手，而且他以一人之力，应付诸大将，足见他是一个大将之才。

不仅如此，从宋人记载中，可知宗弼是一员身先士卒的猛将。黄天荡之役前夕，宗弼在镇江上山观察宋军阵势，几被伏兵所擒[1]。在黄天荡战役后，宗弼被宋兵以强弩射中左臂[2]。和尚原大战，宗弼"中流矢二，仅以身免"[3]。这些宋人的记载虽然在《金史》中找不到印证，但宗弼的勇敢则是毫无疑义的。金将郦琼比较

---

[1]《要录》，卷三十二，建炎四年三月丁巳。
[2]《要录》，卷三十三，建炎四年五月乙卯。
[3]《要录》，卷四十八，绍兴元年十月乙亥。

宗弼和南宋将帅的一段议论中有这样一段话：

> 琼尝从大军南伐，每见元帅国王〔宗弼〕
> 亲临阵督战，矢石交集，而王免胄，指麾三军，
> 意气自若。用兵制胜，皆与孙、吴合，可谓命
> 世雄材矣。至于亲冒锋镝，进不避难，将士视
> 之，孰敢爱死乎？宜其所向无前，日辟国千里
> 也。江南诸帅，才能不及中人。每当出兵，必
> 身居数百里外，谓之持重。或督召军旅，易置
> 将校，仅以一介之士持虚文谕之，谓之调发。
> 制敌决胜，委之偏裨，是以智者解体，愚者丧
> 师。……①

这些话不免有奉承的意思。不过，郦琼是
宋降将，对于若干宋将的作风自有他的了解。

---

① 《金史》，卷七十九，页一七八二。

民间故事里的金兀术虽然十分勇猛，却常为宋将打败。清人钱彩著《精忠岳传》，对兀术上场是这样描写的：

脸如火炭，发似乌云；虬眉长髯，阔口圆睛。身长一丈，膀阔三停。分明是狠金刚下降，却错认开路神狰狞[1]。

书中以兀术为侵略北宋，攻下开封，追袭宋主的主将。他累次为岳飞所败，苦思对策，军师哈迷蚩建议，认为兀术的成功全靠宋奸臣，所以应当笼络大奸臣秦桧[2]。秦桧害死岳飞后，兀术仍然是对宋作战的主将，最后被岳飞部将

---

[1]《精忠岳传》(台北：文化图书公司据同治庚午上海务本堂木刻本排印)，第十五回《金兀术兴兵入寇》，页八八。
[2]《精忠岳传》，四十五回。

牛皋气死①。

京剧里的兀尤，则与小说里的稍有不同。出现在《潞安州》、《八大槌》、《王佐断臂》、《挑滑车》等剧里，《潞安州》里的兀尤是黑头（所谓大花脸）戴凉帽，垂着两条长辫，穿一袭风衣，手持长叉，扮相勇猛。虽然是一员番将，却很钦佩陆登殉国，慨然将陆登之子文龙养大。《八大槌》里的兀尤，与八大槌车轮大战，岳飞说他"兀尤杀法厉害，难以取胜"。《王佐断臂》里，兀尤加靠，带貂及大耳环，仍用叉，最后几为陆文龙所杀，哀求饶命。这些故事，似都出于《精忠岳传》，不过就兀尤是黑头，及"杀法厉害"两点来看，兀尤既不是坏人，也不是无能之辈②。

_____

① 《精忠岳传》，七十九回。
② 以上根据胡少安制作的《陆文龙》录像带。

松花江下游的赫哲族里，流传着一些关于兀尤的故事。如："葛门主格"一则，叙述六国兵马参加金朝四太子兀尤攻打北宋的经过。故事中以兀尤为招降张叔夜，攻下汴京，掳去徽钦二帝的主将[1]。由这一故事中可以知道在东北女真族的心目中，金代的兀尤是一个主要的英雄人物，其声名超过其他金代的将相。

东北还有若干古迹和宗弼有关。日人村田治郎曾找到筑城、建长城、饮马、足迹、坟墓等传说，其中多所附会。宗弼的足迹深四寸，长一尺四寸余，则近于神话了[2]。这些传说可以说明兀尤在东北历史中是一个很有名的人物。

---

[1] 凌纯声:《松花江下游的赫哲族》(南京，一九三四)，页五五三一五五八。故事中误以汴京为洛阳，并以张邦昌为钦宗派赴金营的议和代表。兀尤的军师也是哈迷蚩。故事的若干细节似也本于《精忠岳传》。
[2] 村田治郎:《金兀尤传说》,《学海》四卷四期（一九二二），页二九一三三。

村田氏认为戏曲、小说以兀术为岳飞的对手，正足以证明兀术在金代诸将中是一位勇猛善战的主将。

综上所述，金代完颜宗弼对于金朝政治和军事都有极大的贡献，可是透过不同的史著、小说和戏曲，宗弼给大众一些不同的印象。过去史家由于立场不同，笔下的宗弼和实际的宗弼有所差别；对于宗弼的偏见，也源于对《金史》的忽略。小说和戏曲里的宗弼，多少由于汉族偏爱岳飞而受到了歪曲，不过京剧里的宗弼仍不失为一个勇猛善战的大将。东北流传的传说和赫哲族的故事，则俨然视宗弼为英雄。史家必须尽量根据史实，求得比较客观的真相，对人物作公平的评价。同时，把对历史人物的真面目和公允的评价献给大众，以补充过去对宗弼某些不够客观的看法，应当也是史家的责任之一。

⊙ 金兀朮脸谱（《中国京剧脸谱宝典》，
哈尔滨：黑龙江美术出版社，1996）

一一四〇年：岳飞曾经北伐
到朱仙镇吗?

公元一一三九年（南宋绍兴九年，金天眷二年），宋金之间达成和议，金人放弃黄河以南的地区。但是次年，金朝内部权力斗争的结果，完颜宗弼（一一四八年卒）掌握大权，决定再取河南，于是爆发了宋金之间的大战。在这次战争中，关于岳飞（一一〇三—一一四二）北伐曾否到达朱仙镇的讨论很多。多年以前，日本学者市村瓒次郎在《东洋史统》中引用南宋史家李心传的《建炎以来系年要录》，说明岳飞未曾进军朱仙镇①。近数十年又见两种相反的意见：王曾瑜认为岳飞曾进军朱仙镇②；邓广铭则列举各种史料，指出除岳飞的孙子岳珂编的《鄂王行实编年》外，只有岳飞到过偃城和颍昌的记载，岳飞本人只屯驻在偃城。朱仙镇之役出于岳珂虚构③。

过去史家讨论这个问题，引用的宋方史料已经极为彻底，但是金方的《金史》仍值得再仔细检视。根据《金史》，一一四〇年五月，金主下令复取河南陕西地，主帅完颜宗弼自黎阳

---

① 见陈裕菁：《岳飞班师辨》，《史学杂志》一卷四期（一九二九），页一—一九。
② 《岳飞几次北伐的考证》，《文史》第六辑（一九五九），页九一—一一一。又所著《岳飞新传》（上海人民出版社，一九八三），页二七四—二七六。
③ 见《鄂王行实编年所记朱仙镇之捷及有关岳飞奉诏班师诸事考辨》，《文史》第八辑（一九八〇），页四八—五二。所著《岳飞传》（增订本，北京：人民出版社，一九八三）。

⊙ 岳飞像（《中兴四将图》，南宋刘松年）

趋汴，右监军撒离喝出河中，趋陕西。卷七十七《宗弼传》中叙述收复河南地的经过，十分简略：

> 宋岳飞、韩世忠分据河南州郡要害。复出兵涉河东，驻岚、石、保德之境，以相牵制。宗弼遣孔彦舟下汴、郑两州。王伯龙取陈州，李成取洛阳。自率众取亳州及顺昌府，嵩、汝等州，相次皆下。时暑，宗弼还军于汴。岳飞等军皆退去，河南平。

这段文字没有说明宗弼及诸将攻取汴京等府州的时间先后，其实这些都是岳飞等分据河南州郡要害以后的事。《金史》卷六十八《阿鲁补传》，有一段关于岳飞等收复河南许、颖、陈三州的记载，可以补充《宗弼传》：

107

宗弼复河南，阿鲁补先济河，抚定诸郡。再为归德尹、河南路都统。宋兵来取河南地，宗弼召阿鲁补与许州韩常、颍州大臭、陈州赤盏晖，皆会于汴。阿鲁补以敌在近，独不赴。而宋将岳飞、刘光世等果乘间袭取许、颍、陈三州，旁郡皆响应。其兵犯归德者，阿鲁补连击败之，复取亳、宿等州。河南平，阿鲁补功最。

文中的刘光世是刘锜或张俊之误。金人归河南地后，颍州一直为宋人控制，以陈规知顺昌府，颍州未曾被大臭占领。岳飞攻取许州和陈州，似并非宗弼召回韩常和赤盏晖，以致这两州无人防守的结果。而且赤盏晖当时经画山东的登、莱、沂、密四州，不在陈州。应当注意的一点，是岳飞取许、陈等州，"旁郡皆响应。"可见岳飞的声势浩大。不见于他书的一点，则是阿鲁补以敌在近，所以不应宗弼之命往会于汴。当

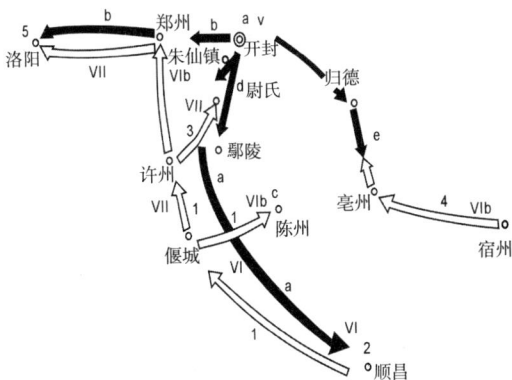

郑州 b 洛阳 5 朱仙镇 VIb 尉氏 d 开封 a v 归德 e 亳州 鄢陵 许州 3 VII 偃城 陈州 c 顺昌 宿州

金军 ←	V 五月
宋军 ←	VI 六月
	VIb 闰六月
	VII 七月

1. 岳飞	a. 完颜宗弼
2. 刘锜	b. 李成
3. 牛皋	c. 王伯龙
4. 王德	d. 仆散浑坦
5. 张应、韩清	e. 阿鲁补

⊙ 宋金——一四〇年之战示意图

时在归德府附近的敌人究竟是哪一支宋军，宋方史料没有记载，但是根据《金史》，很显然宋军曾向归德进攻，被阿鲁补"连击败之"。归德以南的亳州曾被张俊和王德收复，不过，张俊旋即回师寿春，只留下宋超和小部分人马在亳州。唯一可能，是王德于收复亳州后，曾攻击归德府。王德向西北进军，很值得史家注意。

《宗弼传》及卷七十九《孔彦舟传》，都以郑州为孔彦舟攻取。《孔彦舟传》载：

> 从宗弼取河南，克郑州，擒其守刘政。破孟邦杰于登封。

在这个区域对宋作战的金将还有宋降将徐文和李成，见《金史》卷七十九《李成传》：

> 宗弼再取河南，宋李兴据河南府。成引军

入孟津，兴率众薄城，鼓噪请战，成不应。日下昃，兴士卒倦且饥，成开门急击，大破之。兴走汉南，成遂取洛阳、嵩、汝等。河南平。

按金人将河南地归还宋人后，洛阳由河南府兵马钤辖李兴等防守。李成于绍兴十年五月攻陷洛阳，宗弼即以李成知河南府。七月，岳飞部将张应、韩清收复洛阳，李成遁走。九月，李成才因宗弼增援再度攻陷洛阳。李兴寓治于永宁的白马山。《李成传》没有记述在洛阳争夺战中他被岳飞部将打败的事，而只记下最后攻占洛阳及取嵩、汝等地。

《宗弼传》载王伯龙取陈州，与卷八十一《王伯龙传》不同：

天眷元年，为燕京马军都指挥使，从元帅

府复收河南。权武定军节度使兼本路都统。宋兵据许州，伯龙击走之，招复其人民。

这里所说取许州似亦为岳飞班师以后的事。类似的情况又见卷八十二《乌延胡里改传》："梁王宗弼复河南，……及攻陈州，……大败之。"也是岳飞班师以后，宋人所复州县再度陷落。

一一四〇年宋金之间的大小战役很多，其中有一次小规模的战役特别值得一提。这次战役见《金史》卷八十二《仆散浑坦传》：

仆散浑坦……为宗弼扎也。天眷二年，与宋岳飞相拒。浑坦领六十骑深入觇伺，至鄢陵，败宋护粮饷军七百余人，多所俘获。

此处天眷二年为天眷三年之误，因为天眷二年春，宗弼归还河南地于宋，从汴京退师，北渡黄河。那一年宋金之间没有任何军事冲突。仆散浑坦是宗弼的亲信（扎也），不会留在河南，更不会与岳飞作战。再者，《金史》所记年代常有行文过于简略以致不准确的情况。如卷八十一《王伯龙传》载：天眷元年，伯龙为燕京马军都指挥使以后，从元帅府复取河南，及"是年秋，泰安卒徒张贵驱胁良民，据险作乱，伯龙讨平之"一事，似都是天眷三年的事。又卷八十《赤盏晖传》载："天眷二年，复河南，宋人乘间陷海州。"二年亦为三年之误。

王曾瑜曾经引用这条史料，但是他认为，金人于天眷二年退师后，仍有袭扰宋军的行动①。不过，我以为《仆散浑坦传》载天眷二年

---

① 《鄂国金佗粹编续编校注》（北京：中华书局，一九八九），页四八五—四八七之注。

是三年之误比较合理。仆散浑坦深入宋军阵线，击败宋护粮饷军于鄢陵，可见宋军主力不在鄢陵，而是越过了鄢陵，也许在尉氏，或已经接近了朱仙镇。这一条史料可以和《宋史》卷三六八《牛皋》所记金人渝盟，飞命皋出师。战汴许间合观，似宋军在牛皋指挥下，在汴京和许州（颍昌）与金人作战。

《金史》卷六十六《宗秀传》还有一段关于岳飞的错误记载：

> 宗弼复取河南，宗秀与海陵俱赴军前任使。宋将岳飞军于亳、宿之间。宗秀率步骑三千，扼其冲要，遂与诸军逆击败之。

这是误以张俊军为岳家军。后来岳飞在援助淮西时，曾达定远，而张俊军已自淮北败退。岳飞未尝军于宿亳之间。《宗秀传》的记事是把当时北伐的宋军都看作岳家军的一个例子，和《阿鲁补传》以犯归德的宋军为岳家军的情形相同。

总之，公元一一四〇年的宋金战争，互有胜负。宋人的记载指出岳飞和镇守西线战场的吴璘等获得了重要的胜利，而大致讳言战败；《金史》也避提失败。不过，我们仍然可以从双方的史料中看出来，当年岳飞攻占了许陈等州，旁郡皆响应，可见声势浩大。同时，宋军曾攻归德，虽然终于被阿鲁补击败，但是这方面的战事竟为宋人忽略。最重要的一点，是根据《仆散浑坦传》，岳飞在颍昌之捷前后，可能派遣牛皋向开封进军，越过了鄢陵，也许到了尉氏，或甚至到了朱仙镇。

暴君的一天

    大金（公元一一一五——一二三四）皇帝完颜亮（在位一一四九——一一六一，史称"海陵王"）从梦中忽然惊醒，一身冷汗。早已起床的妃子见他醒来，问道："皇上，日已近午，还上朝吗？""不必！"完颜亮没好气地回答，心里仍然嘀咕着那个噩梦：当他和萧裕等闯入堂兄完颜亶（金熙宗，在位一一三五——一一四九）的寝宫，手起刀落，血染床褥后，完颜亶不但没有死，还忽然跳起来，张开双臂，用血淋淋的手来抓他。他没命地逃出寝宫，迎面来了一

伙人也要抓他。抬头一看，披头散发，但面色
如生的是完颜亮就位后不久处死的太傅、领三
省事的完颜宗本，歪着头，颈项被劈掉一半的
左丞相唐括辩。两人带头，口里喃喃念着："篡
位的逆臣完颜亮，还我命来！"

权柄在握忆江南

完颜亮于公元一一四九年，买通内侍，杀
害金熙宗完颜亶篡位，至今（正隆二年，公元
一一五八年）已经十年了，而弒君的那一幕，
却不时惊扰着他。就位以后，为了安定新政权，
他心一横就大开杀戒，剪除宗室旧臣。左丞相
完颜宗贤、曹国王宗敏、宗本等，相继遭忌，
以谋叛的罪名被他处死。十年以来，他努力集
中大权于一身，在制度方面实行改革，行科举，

117

建学校，起用新人。政局是稳定了，可是这噩梦仍然死缠着他。

完颜亮自认是一个比堂兄完颜亶高明得多的皇帝。完颜亶末年猜忌嗜杀，大臣人人自危。完颜亮的篡位，自以为是正当的。年轻时的野心壮志，充分表现在他写在扇面上的句子，也借此得以实现："大柄若在手，清风满天下。"夺得了大柄，又如何让清风满天下？他一跃起床，向宫门外大叫："梁珫！梁珫！""小的在！"一个五短身材的宦官立刻应声。"朕今天要和李通好好地谈一谈！""早朝呢？""传话下去，散朝！"

完颜亮驾临便殿，一面用餐，一面和李通闲谈。便殿的布置，是以虎豹皮铺座椅，地上堆着几个大枕头。此外，勉强足以显示一点帝王之尊的，是一对杀气腾腾的大狗。完颜亮这个人虽然崇尚汉人的文化，却不忘保存若干女

118

真习俗。垂手站立一旁的是所谓佞臣的李通。
"出使南朝（南宋）的那个施宜生已经启程了
吗？"皇帝问。"是的。"李通回答，"我已经告
诉他，仔细观察江南的国情。""你看天下大势
是否对我有利？""是的。南朝宿将都已死光。
目前只剩下刘锜和杨存中两人而已。刘锜老而
多病，看来不久于人世。""想当年岳飞不可一
世，"完颜亮竟有些同情起敌人来，"谁知赵构
（宋高宗）自毁长城！""其实岳飞也是浪得虚
名。"李通乘机大献吹捧的技巧，"太师国王百
战百胜，岳飞哪里是敌手！"原来当年转战万
里，无论在东西战场上，都为金朝建有大功的
完颜宗弼（兀术），也就是后来戏台上有名的
"金兀术"，和岳飞对阵多次，胜负参半。和宋
高宗赵构谈判，订公元一一四一年的宋金和约，
两分天下的金朝主要人物，也是号称"太师国
王"的此人，他的命运和岳飞大为不同，官至

119

丞相，集文武大权于一身，是东北女真民族的大英雄。

　　"我们也没有太师国王那样的文武全才了。"完颜亮感叹地说。"陛下有纥石烈志宁和仆散忠义呀！有了他们，就可以实现陛下说过的话：天下一家，然后可以为正统啊！"完颜亮听了这话，站起来望着宫中园圃。时值初冬，燕京已是一片肃杀，令他不禁怀念起当年跟随着完颜宗弼南侵时，所见的江南景色。回头对李通说："我昨晚做了一个梦，梦中见到了上帝，他命令我征伐宋国。这真是天意，要我去取江南。""江南富庶，子女玉帛，多不胜数。""朕已经决意再迁都。你快去催催梁珫，他怎么还在这里混？他和孔彦舟营建汴京（开封）宫殿的事，进行得如何？我不能让赵构仍然把开封当他的首都！"完颜亮个性急躁，想做什么，就立刻动手。他曾经命令左丞相张浩和参知政事敬嗣晖主持修建汴京，由于张浩为人谨慎，为了过去营治燕京为中都，民力未复，反对营汴，所以实际的工作，由内侍梁珫和宋降将孔彦舟执行。

饮酒作乐谈志向

午膳后，听说元妃不适，乃召太医使祁宰入内殿诊视。祁宰认为元妃吃得过饱，并无大碍。这天合该有事，不识相的祁宰，竟敢乘机进言，谏阻伐宋。说："谋臣猛将，异于往日。且宋人无罪，师出无名。"又批评两次营建新都，调发军旅，赋役繁重，百姓怨嗟。这是人事方面的不修。在天时方面也不顺，祁宰说："昼星见于斗牛，荧惑伏于翼轸。巳岁自刑，害气在扬州。太白未出，进兵者败。"最后指出，江南多湖沼，骑士不利驰射，是地利方面的不便。完颜亮大怒，把祁宰斩首示众。盛怒之余，胃肠略感不适。休息之后，精神较佳。不用吩咐，宫中上下又照例忙碌着摆酒设宴。

这晚的宴会，除了近臣张仲轲、李通、马钦、田与信、习失等外，有丞相张浩、参知政事敬嗣晖、武将纥石烈志宁、仆散忠义、徒单合喜，以及自南宋回国的大使魏子平。完颜亮在晚间精神特别好。他是历史上所谓的"暴君"，却不一定是"昏君"。他在宴会中，虽然饮酒作乐，也赋诗论书。史书说他好读书，机诈诡谲，而颇有才能。当年他还是一个亲王时，曾写过下面两首诗：

竹诗

孤驿潇潇竹一丛，不同凡卉媚春风；
我心正与君相似，只待云梢拂碧空。

不记题

蛟龙潜匿隐沧波，且与虾蟆作浑和；

等待一朝头角就，撼摇霹雳震山河。

他自比蛟龙，视同辈大臣为虾蟆，足见其大志。

这晚，他对江南特别有兴趣，问魏子平，究竟大名府和苏州，哪个城市较好。魏子平答道："宫室车马，衣服饮食，大家都羡慕大名。江南地低潮湿，人们住舟船，吃鱼虾。到了夏天，穿单衣也觉得热。所以苏州比不上大名。""胡说！"完颜亮不以为然，"你以为我不知道江南的情形吗？""陛下倒也用不着为了江南风景而大动干戈。"魏子平竟也是敢言之士，"我国幅员万里，够大的了。汉代封疆不过七八千里而已！""不然！"谏官张仲轲显然迎合完颜亮的意思，"本朝疆土虽大，而天下有四主：南有宋，东有高丽，西有夏。若能一之，乃为大耳！"这张仲轲原是市井无赖，会说书，被完颜亮召到左右为他讲故事。"有什么借口去打宋国呢？""听说宋人买马，造武器，又招纳山东叛亡。岂得为无罪？"张仲轲摇头晃脑地说。"还有一桩重要的事，可否容臣禀奏？"梁珫插嘴。"说罢！""我听说赵构喜爱的刘贵妃，姿质艳美。当年后蜀的花蕊夫人和古时候的西施，都不及她。""我也听说过。"一听到美女，完颜亮举杯一饮而尽，"我出兵去把她抢来做压寨夫人，正是一举两得！"

据说完颜亮生平有三个志向。第一："国家大事皆由我出。"已经在一一三五年做到了。第二："帅师伐国，执其君长，问罪于前。"这是他想统一中国。第三："得天下绝色而妻之。"他的后宫无数，包括女真、汉人、契丹人和渤海人，却总想去掠夺江南美女。若能灭宋和夺取刘贵妃，就是他说的一举两得。后来他于一一六一年率大军南侵，却被南宋虞允文的一两万军队在安徽采石打败。他自己也因兵变被杀，这是后话。

"陛下今晚也要赋诗让大家欣赏吧？"李通和张仲轲永远能够把握机会争取好感。完颜亮沉吟一会，站起身来，高举酒杯，大声念道："提兵百万西湖侧，立马吴山第一峰！"

一一六一年的水战

公元一一六一年（南宋绍兴三十一年，金正隆六年），南宋和金朝之间发生了一次大战，就是历史上著名的"采石之战"；而在这场战争中，水战成为战争胜负的关键。

宋金于一一四一年订定和约，两分天下后，双方相安无事地对峙了二十年。可是在一一五〇年代，金海陵王完颜亮（在位一一四九——一六一）企图统一天下。为了实现他的野心，他把都城从燕京迁到开封，积极备战。海陵王完颜亮在一一二八——一一二九年，女真大将完颜宗弼（——四八年卒）率金兵南下追捕宋高宗赵构（在位——二七———六二）时，曾经到过江南，很羡慕江南的富庶。同时，他也深受汉文化的影响，认为必须统一天下才能取得正统。

那年的十一月七日（公历十一月二十五日），金主完颜亮在和州（今安徽和县）江边筑坛，依女真风俗，杀白、黑马各一匹祭天，决定次日渡长江。

八日，完颜亮张黄盖，身穿金甲，坐在胡床上发号施令。他回顾左右的金兵，声势浩大，号称百万，一时志得意满。虽然金人用的船只是临时在和州造的，目的只是用来装载兵士过江而已；但是完颜亮信心十足，觉得宋军一路败退，渡江时不会遭遇到任何抵抗。

战前的宋金对峙

完颜亮在计划军事行动时，考虑到当年金兵横扫东南，把宋高宗逼到东海上，完颜宗弼在海上追逐四百里，无功而还。因此他此次出兵，一定要从海上围捕，不容高宗再次逃走。事实是宋高宗确实有计划于事态紧急时，再次带着后宫登船入海逃亡。此事闹得大臣们哗然，人心惶惶，而太子建王（后来的孝宗）则请求由他来带兵抵抗，高宗至此才放弃了浮海的计划。

完颜亮知道赵构的弱点，他的军事计划是兵分四路，他亲自率领大军渡淮河从淮西进发，在淮南分兵侵入淮东，另外一支西向襄汉。此外，还包括海上的一支舰队，目标是钱塘江口的杭州。完颜亮亲自率领的大军，于十月二日渡淮河，宋军节节败退。九日，宋军的指挥官王权从庐州退守和州。淮东的南宋大将刘锜（一〇九八——一一六二）于十九日退保扬州。二十一日，王权放弃和州，南渡长江，溃军驻守采石。二十七日，刘锜也渡江南返，淮南完全失守。

完颜亮没有料到，他的庞大舰队几乎全军覆灭。金人为了这次的行动，利用降人在河北通州造船，有战舰数百艘。船虽大，却是平底，不利于海上行驶。于十月下旬绕过山东半岛，抵达唐家岛。十月二十七日，与宋水师在陈家岛（今胶县南海上）展开大战。宋方的海军由李宝指挥，从海州出发迎敌，有舟一百二十，兵士则只有三千人。

宋人的海军规模较小，船也比较小，却较灵活。海战开始后，金人的船只集结过于紧密，被宋军以火箭攻击，延烧数百艘。两军接近时，宋军跳到金船上接战，金兵投降的达三千余人。据金人的记载，宋军还用了"火炮"。

海上挫败的消息，一时还没有传到完颜亮军中。他只知道宋军一路败走，却没有想到宋军居然能够抵挡金兵的渡河攻势。宋方的措施其实也颇仓促。宋廷以知枢密院事叶义问（一〇九八——一一七〇）督师江上，罢王权，令李显忠（一一〇九——一一七七）接替王权的残兵，并且派参谋军事的中书舍人虞允文（一一一〇——一一七四）到采石（在南京西南），办理李显忠接收王权军队的手续。

采石之战

一一六一年十一月八日，虞允文到江边时，李显忠尚未抵达，而王权早已跑掉。兵士三三两两，毫无作战准备。虞允文见宋军仅一万八千人，而对岸的金兵号称百万。好在江边的兵船还未散去。虞允文召集诸将，对他们说：

"如果金兵渡江过来，你们往哪里逃？我们前有大江，占有地利。不如死中求生！朝廷养兵三十年，难道不能一战报国？"

诸将说："我们没有不打仗！可是谁来领导呢？"

虞允文道："朝廷已经派了李显忠来。"

诸将："派的人倒是对了！"

虞允文："现在李显忠还没有到，我和你们冒死决战如何？而且朝廷有大笔赏金和升官的文书在此，有功的人立刻就可以得到赏金和升迁。"

于是诸将说："既然如此，我们就为你打一仗！"

虞允文和将官时俊等整顿军队，列阵于江边；而以"海鳅"船和战舰载兵，在中流截击金船。可是两艘战舰的将领按兵不动，虞允文乃令民兵上海鳅船踏车。这种车船装置着类似水田中的水车，从五车、九车、十三车到二十三车，由兵士或民夫在船内踏车，外面是看不到的。这样的车船大的能载兵士和民夫一百七十五人以上，小的八十二人。当时宋军及民夫六千三百余人，车船数目不小，至少有一百艘。运转起来，在江上来往如飞，军容颇盛。

宋军布阵甫毕，完颜亮已经派出兵船试图渡江，船只首尾相接，排成一路纵队。宋水军冲击敌船，将敌人船队截为两半。金船极粗糙，每船只能载五十人，其中只有十几个人能够射箭。这样的船经不起宋船的冲撞，很多兵士就死在江中。那些已经抵达南岸的金兵，遭到宋军的拼命抵抗，大都战死，少数被俘。因此战争的规模相当小。完颜亮的大军号称百万，最少也有十七八万人，可是船只有限，军队虽多，却派不上用场。

完颜亮遭此挫折，并不死心，率领大军东向扬州，在扬州准备渡江。而此时完颜亮已经得到他的堂弟完颜雍（即金世宗，在位一一六一——一八八）自立为帝的消息，因此急欲速战速决。无奈宋军在江上运用车船，金兵见了，大为骇愕。由于完颜亮督责过江太急，诸军遂欲逃亡。军官唐括乌野、完颜元宜等于十一月二十七日将完颜亮刺杀于营中，金军遂仓皇北返。

胜败之因

关于这次战争的战果，宋金两方有不同的记载，我们略去宋人特别夸张的记载，只简单比较《金史》和虞允文的报告。

宋虞允文的报告说，焚敌舟一百五十余艘，"溺死者以万数。七舟抵南岸，岸上之尸四千七

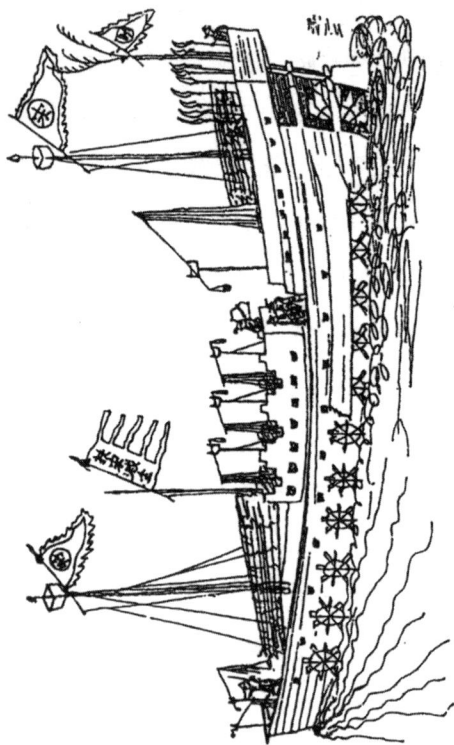

⊙ 宋水军将领使用的指挥船

百余人。射死万户一人，生获千户二人，女真三十余人。"（虞允文第一奏札）但是"七舟"应是"七十舟"之误。如果七艘船载四千七百三十余人，则一艘可载六百七十五人之多。《宋史·虞允文传》的记载则是"七十舟抵南岸"。如此每舟载六十五人，比较近于事实。

《金史》载，金兵损失"两猛安（千户）及兵士二百余人皆陷没"。又载"亡一猛安，军士百余人"。

比较两方的记载，一方夸大战果，另一方则缩小损失，是历史上常见的事，不足为怪。不过，我们还是可以知道宋人的确俘获了女真千户两人，也可以知道在南岸被俘的女真兵士甚少，而且只有七十艘金舟抵达南岸。

宋军胜利的原因，首先是完颜亮好大喜功，不顾百姓的生计。这次战役动员军队数目太大，以致民不聊生。其次，完颜亮低估宋军的战力，尤其是水军。当年完颜宗弼南下，遭到韩世忠（一〇九〇——一一五一）在黄天荡的截击，金人狼狈北返，深知宋人长于水战，就没有再试过南渡。此外，金世宗于海陵王南下后，自立为帝，牵制了很多兵马，也影响了大军的军心。至于宋方虞允文以一个文臣而能鼓舞士气，一战而胜，立了大功，难怪将官如刘锜等都极为惭愧。

南宋的水师在当时的世界上，是冠绝各国的。关于此点，中外学者论之已多。最后，引李纲（一〇八三——一一四〇）在一一三〇年代所写的观水战诗一首，以见军容之盛。诗中所谓"机轮运转若无人"正是车船的写照：

习战楼船章水滨，机轮运转若无人。

旌麾耀日惊飞鹭，金鼓翻波跃锦鳞。

四座纵观聊举白，一阳潜动欲回春。

羽书正报淮沘捷，想见胪传设九宾。

采石战役中的霹雳炮

　　中国人发明火药是在公元十二世纪之前。
十二世纪中使用火药的例子，在史籍中屡见不
鲜。最著名的自然是《武经总要》中的有关记
载；最有趣的是民间的燃放爆竹，王安石诗有
"爆竹声中旧岁除"句。不过爆炸性的火器是否
曾经在十二世纪中使用，则仍是众说纷纭。大
致说来，主张当时已经使用这种火器的人相
当多，如国内的冯家昇、赵铁寒，美国的富路

特，日本的吉田光邦等①。以上诸学者大都征引公元一一六一年宋金采石战役中的霹雳炮，作为支持十二世纪已经大量使用爆炸性火器的证据，不过他们大都忽略了王铃于一九四七年发表的一篇论文。在那篇论文里，王铃从科学技术史的观点分析霹雳炮，认为它可能并非爆炸性的火器，而是类似南宋初年官军讨伐杨幺时所用的"灰炮"："用极脆薄瓦罐，置毒药、石灰、铁蒺藜于其中。临阵以击贼船，灰飞如烟

---

① L. Carrington Goodrich, *A Short History of the Chinese People* (New York: Harper and Brothers, rev. ed., 1951), p.153；又 Goodrich 与冯家昇著："The Early Development of Firearms in China", *Isis*, 36 (1946), pp.114-123；冯家昇《火药的发明及其传布》，《史学月刊》，五（一九四七），页二九一八四。赵铁寒也确认一一六一年中国人首次使用火药，见《火药的发明》（台北：历史博物馆，一九六○），页五五一六九、七六。吉田光邦《宋元时代的科学技术史》（京都：京都大学，一九六七），页二一一一二三四。

雾，贼兵不能开目。"①

今再从历史文件的分析，来探察采石战役中究竟曾否用过霹雳炮。一般人知道当时有霹雳炮，大概是从赵翼的《陔余丛考》卷三十"火炮火枪"条而来。赵翼写道：

> 宋史，虞允文采石战之战，发霹雳炮。以纸为之，实以石灰、硫磺。投水中，而火自水跳出，纸裂而石灰散为烟雾，眯其人马，遂败之。

遍查宋史，并未发现关于霹雳炮的记载。赵翼

---

① Wang Ling, "On the Invention and Use of Gunpowder and Firearms in China," *Isis*, 37（1947），pp.160-178. 李约瑟认为中国第一次使用火药是一一二〇年陈规守城的时候，见其《守城录》，见 Joseph Needham, "The Epic of Gunpowder and Firearms," in *Science in Traditional China*（Cambridge, Mass: Harvard Univresity Press and Hong Kong: The Chinese University Press, 1981），p. 40.

的根据，是杨万里的《诚斋集》，而不是《宋史》。《诚斋集》卷四十四《海鳅赋》后序有这样的记载：

> ……人在舟中，踏车以行船，但见舟行如飞，而不见有人。敌以为纸船也。舟中忽发一霹雳炮，盖以纸为之，而实之以石灰、硫黄。炮自空而下，落水中。硫黄得水而火作，自水跳出，其声如雷，纸裂而石灰散为烟雾，眯其人马之目，人物不相见。吾舟驰之，压敌舟，人马皆溺，遂大败之云①。

从史料上分析，同时人关于采石战役的记载，由渲染夸张的虞允文门人的记事，荒诞不经的《炀王江上录》，虞允文当时所上的奏札，

---

① 《诚斋集》（《四部丛刊》），卷四十四。

以至于综合诸家记载的《建炎以来系年要录》中，都没有提到霹雳炮。在稍后的《南宋文集》和笔记里，除了一两处提及采石战役中曾经发动火攻外，没有发现当时使用霹雳炮的记载。因此杨万里的这段文字，仅是一个孤证。再者，杨万里在采石战役发生的那年，远在湖南，他的记载，显然是得自传闻[①]。

《诚斋集》里还有一篇虞允文神道碑（卷一二〇），其中叙述采石战役的经过，颇为详尽，但是值得注意的一件事，是他并没有提及霹雳炮。可见在《海鳅赋》这类游戏之作中可以随意采用传说，甚至凭想象来写作，而在正式的文章里，杨万里就不能把靠不住的传说或想象随便加进去了。

---

①《宋史》，卷四三三，《杨万里传》。

周瑞娘的生死恋

——宋代的罗密欧与朱丽叶

南宋庆元元年（公元一一九五年）九月，江西抚州（今抚州市）霞山的农人林百七哥，偶然与富户周十四郎的女儿瑞娘相遇。瑞娘正当双十年华，尚未出嫁。两人一见钟情，暗中互相心许。不久，林百七哥央求他的兄长林百五郎请媒人往周家提亲。林百五郎当即找了媒婆前去。不料媒婆的三寸不烂之舌始终不能说动周十四郎和其妻，两夫妇无论如何都不赞成这桩门不当户不对的婚事。

林百七哥受到这个沉重的打击，因此悒怏成病。至庆元二年的五月十九日，终于一病不起。林百七哥下葬后，周瑞娘也病倒了，父母延医诊治，却毫无起色。一个多月后，周瑞娘也于七月二日香消玉殒，次日周十四郎把她葬在村外。

不料七月十三日的中午，周瑞娘忽然回家，进门后对每个人都含笑招呼。父母见女儿死而复生，惊骇之余，壮起胆子骂道："你不幸夭折，是命该如此。居然大白天敢来作怪！究竟是怎么回事？"

周瑞娘回答道："爹娘不用害怕，我死还不都是你们促成的。"

父母问她怎么能够活着回来。周瑞娘说："爹娘反对我的婚事。林百七哥死后，心有未甘，到阴间向阎王诉苦，阎王准他娶我为妻。所以我们一同回来，他现在就在门外等我。我从前在家织布，一共织了小纱十三匹，绢七十匹，绸一百五十六匹。请你们赶快拿来给我。"

周十四郎夫妇听了女儿这番话，既难过又凄惨。于是照女儿的意思把绸绢布匹搬出来，捆好放在两个大网篮内。周瑞娘到门外叫林百七哥。林百七哥很大方地进来，对岳父母毫不畏怯，两人跪下与周十四郎夫妇拜别。周瑞娘说："我和林百七哥到四川去经商，请爹娘不要想念。"说完，两人搬着布匹很快地走了。

周十四郎赶紧找林百五郎告诉他这件事。林百五郎回答道："这是阴间的事，我等凡人怎能追究？"

周林两家约好，于初冬时个别将周瑞娘和林百七哥的棺木挖出火化。当他们将两人的棺盖打开看时，里面竟然空无一物。

（取材自洪迈《夷坚志补》卷十）

歌姬舞伎与金莲

　　一般人认为缠足的习俗源于五代南唐的宫廷中,也有人认为始于北宋[①]。宋代出现了颇多提及缠足的词,其中最有名的应数苏东坡(一〇三六——一一〇一)的三首《菩萨蛮》中第二首《咏足》了。词曰:

　　涂香莫惜莲承步。长愁罗袜凌波去。只见

[①] 高洪兴:《缠足史》(上海:上海文艺出版社,一九九五),第一章《缠足的起源与发展》。

舞回风。都无行处踪。

　　偷穿宫样稳。并立双趺困。纤妙说应难。
须从掌上看。[1]

东坡吟咏的足不是士大夫家庭妇女的，也不是
农家妇女的，而是表演歌舞的舞者的足。他的
第一和第三首描述这位舞者的美丽容貌、体态
和衣饰。东坡还有诗《于潜女》则咏女子的天
足："两足如霜不穿屦。"[2] 这位妇女显然不是歌
舞伎之流，而是农家女孩。

　　我们可以从若干宋人的诗词中探寻当时妇
女裹足的习俗。这些诗词透露了声色场中以及

---

[1] 唐圭璋编：《全宋词》（北京：中华书局，一九六五），
　　第一册，页三二一。
[2] 北京大学古文献研究所编，傅璇琮、倪其心、孙钦
　　善、陈新、许逸民主编：《全宋诗》（北京：北京大
　　学出版社，一九九一），第十四册，卷七九二，页
　　九一七六。

文人家中的女子裹足的一些信息，也许这些零碎的资料有助于了解宋代妇女缠足的逐渐普及。

士大夫与歌姬舞伎

宋代很多士大夫"溺于声色，一切无所顾避"①。他们的社交宴集，常召来歌姬舞伎陪伴和表演。这些女子在酒宴中也陪客人饮酒唱歌。例如李之仪（元丰间进士）诗以《侍儿舞梁州曲》为题②。仲并（一一三二年进士）宴客，"时留平江，俾侍儿歌以侑觞。"③曾觌（一一〇九一

---

① 周辉：《清波杂志校注》（刘永翔校注。北京：中华书局，一九九四），卷三，《士大夫好尚》，页一〇一。
②《全宋诗》，卷九六三，页一一二二五——一一二二六。又谢篚《侍儿歌舞》，卷一三七七，页一五八〇一。
③《全宋词》，第二册，页一二八六——一二八七，《好事近》宴客七首。

一一八〇）"见席上出新词，且命小姬歌以侑筋，次韵奉酬"①。赵长卿（南宋人）的《水龙吟》词小序曰："江楼席上，歌姬盼盼翠鬟侑樽。酒行，弹琵琶曲，舞梁州。醉语赠之。"②

颇多士大夫家里也有侍儿、琵琶伎、琴伎、笙伎，或歌姬、舞姬。这些女子的地位似稍高于在酒楼上的表演者或官伎。宰相韩琦（一〇〇八——一〇七五）晚年退休还安阳，修"醉白堂"于"北第池上"。园中有各种花卉。"其间合奏散序者，童伎百指皆婵娟"。举行宴会时，由这个十人歌舞班子表演，还有"妖妍姬侍目嘉卉，咿哑丝竹听流泉"③。无论是在酒宴召来的歌舞伎或是家里的侍女歌姬，大都是年

---

① 《全宋词》，页一三二三。
② 《全宋词》，第三册，页一八〇五。
③ 韩琦：《安阳集》（《四库全书珍本》四集），卷三，页六下。

148

纪很轻的小姑娘，加以训练，举行宴会时就请她们表演助兴。如张先（九九〇——一〇七八）赠年仅十二岁的琵琶娘《正宫醉垂鞭》，有句："啄木细声迟。"① 苏轼赠一个小鬟琵琶一首词，说她"琵琶绝艺。年纪都来十一二"②。苏轼友人徐君猷的"家姬"名叫懿懿，又有三位"侍人"：妩卿、胜之和庆姬，她们都被调教得很好。苏轼咏胜之"妙舞蹁跹"；庆姬有"响亮歌喉"。③ 苏轼又为陈密的侍儿写《鹧鸪天》词小序云："陈公密出侍儿素娘，歌紫玉箫曲，劝老人酒。老人饮尽，因为赋此词。"④ 赵长卿（南

---

① 《全宋词》，第一册，页五八。晏几道《玉楼春》词："吴姬十五语如弦。"见《全宋词》，页二三六。南宋王千秋词："十岁女儿娇小，倚琵琶翻曲。"见《全宋词》，第三册，页一四六九。

② 《全宋词》，第一册，页三一三，《减字木兰花》。

③ 《全宋词》，页三二二—三二三，《减字木兰花》。

④ 《全宋词》，页二八八。

宋人）词《鹧鸪天》小序道："予买一妾，稍慧，教之写东坡字。半年，又工唱东坡词。命名文卿。"[1] 张炎（一二四八生）的《解语花》词自注："吴子云家姬号爱菊，善歌舞。"[2] 杨泽民（南宋人）在赣州的一次宴会中，"令小春舞。小春乃吾家小伎也。"[3]

文人在宴会上常会自动，或应歌姬或舞伎的要求，而作词送给她们。这种例子甚多，如上引张先赠词给琵琶娘，又与善歌者《庆春泽》[4]。黄庭坚（一〇四五——一一〇五）应客人的两位会唱歌的"新鬟"的请求作《定风波》[5]。史浩（一一〇六——一一九四）为戴昌言歌姬作

①《全宋词》，第三册，页一八一一。
②《全宋词》，第五册，页三四九五。
③《全宋词》，第四册，页三〇〇九，《蕙兰芳》。
④《全宋词》，第一册，页七七。
⑤《全宋词》，第一册，页四〇三。

《青玉案》："雪中把酒，美人频为，浅破樱桃颗。"[1] 刘过（一一五四——一二〇六）号龙洲道人，在"安远楼小集，侑觞歌板之姬黄其姓者，乞词于龙洲道人。为赋此《糖多令》"[2]。韩世忠的曾孙在船上请客，"女乐颇盛。夜深，出一小姬曰胜胜，年十二岁。独立吹笙，声调婉抑。四座叹赏。已而，再拜乞词。"座上客卢祖皋（一一九九年进士）为她写了一首《临江仙》。[3]

这些女子大都会读和会吟咏诗词，少数的姑娘还会自己作词度曲。丁基仲的"侧室善丝桐赋咏，晓达音吕，备歌舞之妙"[4]。可见这位如夫人会为客人表演。文人骚客写好应景的词，就令她们来演唱。晏殊（九九一——一〇五五）

① 《全宋词》，第二册，页一二六五。
② 《全宋词》，第三册，页二一四七。
③ 《全宋词》，页二四一二。
④ 《全宋词》，第四册，页二九〇一。

的《清平乐》这样写："萧娘劝我金卮。殷勤更唱新词。暮去朝来即老，人生不饮何为？"①东坡作长短句，命伎歌之②。作《南乡子》赠楚守田待制小鬟；又作《南乡子》赠田叔通家舞鬟③。

描写歌舞姬表演的词相当多。张先的《菩萨蛮》写女子演奏笛子：

佳人学得平阳曲，纤纤玉笋横孤竹。一弄入云声，海门江月清。④

晁补之（一〇五三——一一〇）在韩师朴宴会上欣赏一位"佳伎"轻盈弹琵琶，写《绿

<hr>

① 《全宋词》，第一册，页九二。
② 《全宋词》，第一册，页二九三引《冷斋夜话》。
③ 《全宋词》，第一册，页三一八、三二一。
④ 《全宋词》，第一册，页七七。

头鸭》词，上半阕是这样的：

新秋近，晋公别馆开筵。喜清时、衔杯乐
圣，未饶绿野堂边。绣屏深、丽人乍出，坐中
雷雨起鹍弦。花暖间关，冰凝幽咽，宝钗摇动
坠金钿。未弹了、昭君遗怨，四坐已凄然。[1]

听音乐感时事或身世，是诗词中常见的主
调。如辛弃疾（一一四〇——一二〇七）《贺新
郎》"听琵琶"的下半阕：

辽阳驿使音尘绝。琐窗寒、轻拢慢捻，泪
珠盈睫。推手含情还却手，一抹梁州哀彻。千
古事、云飞烟灭。贺老定场无消息，想沉香亭

---

①《全宋词》，第一册，页五七一。

北繁华歇。弹到此，为呜咽。①

不过，很多词曲的重点则在表演者的色艺。赵长卿在"江楼席上，歌姬盻盻翠鬟侑樽。酒行，弹琵琶曲，舞梁州"。《水龙吟》词云：

酒潮匀颊双眸溜。美映远山横秀。风流俊雅，娇痴体态，眼前稀有。莲步弯弯，移归拍里，凌波难偶。对仙源醉眼，玉纤笼巧，拨新声、鱼纹皱。②

柳永（景祐元年〔一〇三四〕进士）隔帘听歌，虽然没有看见表演的女子，写的《凤栖梧》词还是说她有"如花面"（上半阕）：

---

① 《全宋词》，第三册，页一八九〇。
② 《全宋词》，第三册，页一八〇五。

帘下清歌帘外宴。虽爱新声，不见如花面。
牙板数敲珠一串，梁尘暗落瑠璃琖。^①

宋祁（九八八——一〇六一）欣赏舞蹈后，
写下这首诗《观舞》：

蹀躞趁繁会，婆娑无定妍。
心知吾地广，长袖得回旋。^②

士大夫家中，有时女主人宴客。客人似都
是妇女。朱淑真就在这样的宴会中观赏小姑娘
的舞蹈，并且应邀作了一首诗。诗注曰："会魏
夫人席上，命小鬟妙舞。曲终，求诗。予以飞
雪满群山为韵作五绝。"^③

———————————

①《全宋词》，第一册，页二四。
②《全宋诗》，卷二二四，页二六一〇。
③《全宋诗》，卷一五九二，页一七九一七。

柳永《中吕宫》中的《柳腰轻》这首词，则勾出一幅美女在筵会中表演舞蹈的图画，极为生动：

英英妙舞腰肢软。章台柳、昭阳燕。锦衣冠盖，绮堂筵会，是处千金争选。顾香砌、丝管初调，倚轻风、佩环微颤。

乍入霓裳促偏。逞盈盈、渐催檀板。慢垂霞袖，急趋莲步，进退奇容千变。算何止、倾国倾城，暂回眸，万人肠断。[1]

从粉面到莲步

文人观赏歌舞表演，固然注重艺术，但是

---

[1]《全宋词》，第一册，页一五一一六。

色似更重要。柳永的这首词对于歌舞女郎的容貌（倾国倾城）、体态（腰肢软）和衣饰（佩环、霞袖），着色颇多。吕胜己（南宋人）的《满江红》"郡集观舞"也注意容貌和体态："檀板频催，双捻袖、飞来趁拍。锦裀上、娇抬粉面，浅娥脉脉。鸾觑莺窥秋水净，鸿惊凤翥祥云白。看妖娆、体态与精神，天仙谪⋯⋯"① 又如卢炳（南宋人）咏腰肢、手足和皮肤："杨柳腰肢。步稳金莲，手纤春笋，肤似凝脂。""石榴裙束纤腰袅，金莲稳衬弓靴小。"② 陈亮（一一四三——一一九三）观察手足："缓步金莲移小小，持杯玉笋露纤纤。此时谁不醉厌厌。"③ 刘过（一一五四——一二〇六）甚至欣赏指甲："销

---

① 《全宋词》，第三册，页一七五八。
② 《全宋词》，页二一六〇，《柳梢青》;页二一六二，《菩萨蛮》。
③ 《全宋词》，第三册，页二一〇四，《浣溪沙》。

薄春冰，碾轻寒玉，渐长渐弯。"①

在艺的方面则颇多关于舞步的词句，而此处舞者的舞步是"莲步"。上引柳永词《柳腰轻》："急趋莲步，进退奇容千变。"他的《仙吕调》中的《玉蝴蝶》也描写莲步："绛唇轻、笑歌尽雅，莲步稳、举措皆奇。"②

刘过有一首咏足的词《沁园春》"美人足"，对象也是歌舞伎，说得比东坡的词还露骨一些，如提到姑娘走累了，请人捏脚，袜子脱下一半：

洛浦凌波，为谁微步，轻尘暗生。记踏花芳径，乱红不损，步苔幽砌，嫩绿无痕。衬玉罗悭，销金样窄，载不起、盈盈一段春。嬉游倦，笑教人款捻，微褪些跟。

①《全宋词》，页二一四五，《沁园春》"美人指甲"。
②《全宋词》，第一册，页一六、四〇。

158

有时自度歌声，悄不觉，微尖点拍频。忆金莲移换，文鸳得侣，绣茵催衮，舞凤轻分。懊恨深遮，牵情半露，出没风前烟缕裙。知何似，似一钩新月，浅碧笼云。[1]

他描写舞者的莲步像曹植笔下的洛神那样的轻盈，而且这位舞娘还会自己作曲，载歌载舞。

史浩的朋友王正之在酒宴中找寻名叫迁哥的女郎的鞋子。史浩以此为题，即席咏《浣溪沙》曰：

一握钩儿能几何。弓弓珠蹙杏红罗。即时分惠谢奴哥。

香压幽兰兰尚浅，样窥初月月仍多。只堪掌上厌琼波。

---

① 《全宋词》，第三册，页二一四六。

同时另一首即席咏迁迁的脚，好像没有人能和她的脚相比：

珠履三千巧斗妍。就中弓窄只迁迁。恼伊划袜转堪怜。

舞罢有香留绣裤，步余无迹在金莲。好随云雨楚峰前。①

这位做过宰相的风流人物还有《如梦令》"饮妇人酒"六首，其中第一和第三首把一起陪他饮酒的美妇人描绘成"真个是观音"。第四首是这样咏足的：

罗袜半钩新月。更把凤鞋珠结。步步着金莲，行得轻轻蹩蹩。

---

① 《全宋词》，第二册，页一二八二。

难说。难说。真是世间奇绝。[1]

他把这位同席妇女的金莲，说得难以形容的、世上少有的"奇绝"。如此说来，似乎他自己的老婆没有裹脚，或者裹得远不如这位妇人的脚那样的"奇绝"。

莲步、弓鞋与罗袜

弓鞋首见于五代蜀人毛熙震的《浣溪沙》："捧心无语步香阶，缓移弓底绣罗鞋。"[2]

柳富赠情人王幼玉诗，吟咏两人的爱情，并描写她的"天姿才色"，也说到窄窄弓鞋：

---

① 《全宋词》，页一二八四。
② 赵崇祚编，沈祥源、傅生文注：《花间集新注》（南昌：江西人民出版社，一九八七），页六〇一。

纹履鲜花窄窄弓，凤头翘起红裙底。①

张元幹（一〇九一——？ ）的这首《春光好》
显然也是为他的情人而作：

吴绫窄，藕丝重。一钩红。翠被眠时常要
人暖，着怀中。

六幅裙窄轻风。见人遮盖行踪。正是踏青
天气好，忆弓弓。②

晁端礼（一〇四六——一一一三）《诉衷情》
提到"莲步稳，黛眉开"③。而走莲步的女子的

①《全宋诗》，卷七八一，页九〇五二。刘斧：《青琐高
    议》（上海：古典文学出版社，一九五八），页八七
    —九一。
②《全宋词》，第二册，页一〇八七。
③《全宋词》，第一册，页四三一。

脚是小而弓的："早是自来莲步小，新样子，为谁弓。"① 陈睦（嘉祐六年进士，一〇六一）的《清平乐》更进一步云："鬓云斜坠。莲步弯弯细。笑脸双娥生多媚。百步兰麝香喷。"② 张叔夜的诗《岐王宫侍儿落发为尼》有句说这位女郎"六尺轻罗染曲尘，金莲步稳衬湘裙"③。魏鹏的诗《闺情四首》有两联："莲步轻移何处去，阶前笑折石榴花。""低唤小鬟推绣户，双弯自濯玉纤纤。"④ 仇远（一二四七——一三二六）担心下雨天弄湿了弓鞋："怕明朝微雨，庭莎翠滑，湿透莲弓。"⑤

张先（九九〇——一〇七八）的《贺圣朝》

---

① 《全宋词》，第一册，页四三〇。
② 《全宋词》，第一册，页三五六。
③ 《全宋诗》，第二十三册，卷一三五〇，页一五四三七。
④ 《全宋诗》，第二十二册，卷一二八八，页一四六〇二。
⑤ 《全宋词》，第五册，页三四〇〇，《好女儿》。

则咏小金鞋："淡黄衫子浓妆了。步缕金鞋小。"①
欧阳修（一〇〇七——一〇七二）的《南乡子》
词曰："花下相逢、忙走怕人猜。遗下弓弓小绣
鞋。"②又《迎春乐》有句："薄纱衫子裙腰匝。步
轻轻、小罗靸。"③又如卢炳的《菩萨蛮》和《踏
莎行》有"金莲稳衬弓靴小"和"凤鞋弓小金
莲衬"④，以及辛弃疾的《菩萨蛮》"淡黄弓样鞋
儿小，腰肢只怕风吹倒"等⑤，都欣赏小鞋。刘
辰翁（一二三三——一二九七）则更以词咏画中
美人脱鞋："无物倚春慵，三寸袜痕新紧。羞褪。
羞褪。忽忽心情未稳。"⑥

　　王齐愈的《菩萨蛮》回文词提到小罗袜：

---

① 《全宋词》，第一册，页六五。
② 《全宋词》，第一册，页一五四。
③ 《全宋词》，第一册，页一五七。
④ 《全宋词》，第三册，页二一六二。
⑤ 《全宋词》，第三册，页一八九九。
⑥ 《全宋词》，第五册，页三一八八，《如梦令》。

"巧裁罗袜小。小袜罗裁巧。"① 黄庭坚（一〇四五——一一〇五）《满庭芳》咏妓女，也注意到鞋袜："直待朱幡去后，从伊便、窄袜弓鞋。"②《两同心》又有句："弓弓样、罗袜生尘。"③ 陈允平《早梅芳》也有句："贴衣琼佩冷，衬袜金莲小。"④

当时颇多人认为小脚好看，甚至也有妇女欣赏小脚，如一位王氏的《雪中观妓》诗云：

梁王宴罢寸瑶台，窄窄红靴步雪来。

恰似阳春三月暮，杨花飞处牡丹开。⑤

---

① 《全宋词》，第一册，页三五七。

② 《全宋词》，第一册，页三八六。

③ 《全宋词》，第一册，页四〇〇—四〇一。

④ 《全宋词》，第五册，页三一一五。

⑤ 《全宋诗》，第二十三册，卷一三五〇，页一五四三六。

三寸金莲的出现

以上的词中提到"一握钩儿能几何",珠履"弓窄",罗袜"半钩新月"等,还没有说究竟脚有多小。王之望(一一七一年卒)则惊叹宴会上表演清唱的女子的脚小到只有三寸:

弓靴三寸坐中倾,惊叹小如许。[1]

贺铸(一〇五二——一一二五)的《减字浣溪沙》"换追风"提到的"掌上香罗六寸弓。雍容胡旋一盘中",似乎他观赏的舞姬,脚不是很小[2]。秦观(一〇四九——一一〇〇)看姑娘从脸看到脚,《满江红》曰:"脸儿美,鞋儿窄。"[3] 又

[1]《全宋词》,第二册,页一三三六。
[2]《全宋词》,第一册,页五〇八。
[3]《全宋词》,第一册,页四七一。

从脚看到脸《浣溪沙》："脚上鞋儿四寸罗。唇边朱粉一樱多。"① 这位姑娘的鞋子四寸，可说相当小。

赵令畤（一〇五一——一一三四）《蝶恋花》咏崔莺莺的脚"绣履弯弯"②。崔莺莺到了宋代，脚变小了。赵令畤看姑娘是品足论头，而且把脚的大小和美丽看成一种艺术，竟和歌唱以及乐器的演奏相提并论。《浣溪沙》序云："刘平叔出家伎八人，绝艺。乞词赠之。脚绝、歌绝、琴绝。"词曰：

稳小弓鞋三寸罗。歌唇清韵一樱多。灯前秀艳总横波。

指下鸣泉清杳渺，掌中回旋小婆娑。明朝

---

① 《全宋词》，第一册，页四六二。
② 《全宋词》，第一册，页四九二。

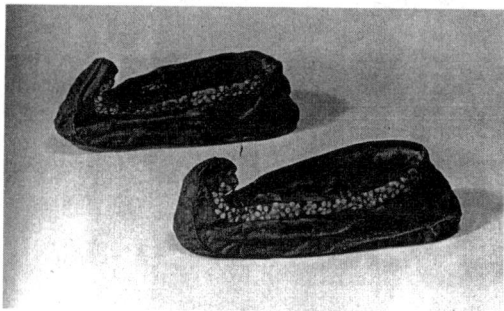

⊙ 福建南宋黄昇墓出土女鞋

归路奈情何。[1]

词中首先描写三寸弓鞋，所谓绝艺，首先是脚绝，其次是樱桃小嘴，然后才是容貌、音乐和舞蹈，而舞蹈也表现脚小到可以掌中回旋的地步。这位家伎的脚所以绝，是因为她的弓鞋只有三寸，比秦观见到的整整小了一寸。

关于宋代妇女的脚和鞋，考古资料提供了若干信息。福建发现的南宋黄昇墓出土小脚式尖形翘头弓鞋六双，长十三点三—十四公分，宽四点五—五公分，高四点五—四点八公分。此外并有裹脚带一件及绢袜[2]。不过，金代齐国王墓出土的一双罗地绣花鞋，虽然是弓鞋的式

---

① 《全宋词》，第一册，页四九六、四九七。
② 福建省博物馆编：《福建南宋黄昇墓》（北京：文物出版社，一九八二），页一九、八一—八二，图版六二、六三。

样，但长二十三公分，则显然不是裹足妇女的鞋①。此外，裹足妇女的脚的大小，只有宋词中的记载了。以上所引关于表演歌舞妇女的脚，只有寥寥六条记载。有趣的是，贺铸词中的脚是六寸，并不是很小。秦观和欧阳澈所见的比较小，达四寸②。到了刘平叔家姬的绝妙之脚，刘辰翁和王之望见到的三寸弓鞋，就值得大书特书了。

---

① 黑龙江省考古研究所藏，见《中国文物精华》（北京：文物出版社，一九九七），页二五二，图版一四八。可见当时女真人不缠足。
②《全宋词》，第二册，页一一七三，《玉楼春》："四寸鞋儿莲步小。"

结语

　　以上这些词曲中描述的女子，似乎全是表演歌舞的家姬、舞鬟、歌伎或妓女。词中提到唯一缠足的良家妇女是崔莺莺，而崔莺莺这位故事中的人物，到了宋代的词中，脚却变小了。若从这个角度观察，似乎可以说，始于五代南唐的缠足，原来是宫中歌舞女郎为了表演而作的牺牲。北宋时期仍然流行于歌舞表演者之中，并且发展到士大夫家里训练的侍女，甚至妓女的行业，而不见得为多数妇女所效法。当然我们也得注意，没有一首词提到文人的妻子缠足，这并不表示他们的妻子都不缠足，也许他们不在意将歌咏自己妻子莲足的诗词公诸于世。

从宋诗词看科举

宋代扩大科举取士，君主和士大夫，也就是知识分子，共治天下。其实科举也是统治者笼络才俊的手段，宋仁宗《赐刘辉及第》诗句曰："临轩升造士，入彀得群英。"统治者利用知识分子，而知识分子也经由这条途径升官发财。于是在名利的引诱之下，众人竞相追逐。

赴举

士人参加科举的考试，不仅是他一个人的事，也是一家甚至一族的大事。尤其是青年人要报答父母的养育和栽培，责任重大，所以文同（一〇一八——一〇七九）在《送杨议卿赴举》诗中提醒杨某，应当在年轻时用功争取功名，来报答父母的养育之恩：

壮岁虽可恃，荣科亦宜早。

勉自报春晖，高堂亲发老。

女诗人朱淑真也有一首《送人赴试礼部》：

春闱报罢已三年，又向西风促去鞭。

屡鼓莫嫌非作气，一飞当自卜冲天。

贾生少达终何遇，马援才高老更坚。

大抵功名无早晚，平津今见起菑川。

她所送的举子大约年纪不轻，也不是第一次赴试。所以诗中说马援到老年时才华发挥得更好，并且指出，取得功名不在于早或迟，以为鼓励。

家人送子弟赴考，当然更是大事。强至（一○二二—一○七六）《送粹中赴举》生动地描写一个士人离乡背井去赶考的情况，并且加以鼓励：

朔风搅疏林，短日寒无晖。

有客气轩昂，束书赴礼闱。

行囊虽云轻，满抱藏珠玑。

出以售春官，善价其可稀。

骨肉送出门，稚子犹牵衣。

我为举别觞，一言庶不违。

京师足纷华，慎勿事轻肥。

白首有双亲，待子得官归。

这首诗描写冬天里整装待发的士人，士气高昂，行装虽然简单，胸中却有熟读的诗书。家人送他出门时，小儿依依不舍，牵着他的衣服；白发苍苍的父母则等着他中第得官回来。可见家族对他期望之高，而对他来说，则是压力沉重。

王之道（一〇九三——一一六九）送三个儿子赴试的《折丹桂》词曰：

照人何处双瞳碧。欲去江城北。过江风顺莫迟留，快雁序、飞联翼。

西湖花柳传消息。知是东君客。家书须办写泥金，报科名、题淡墨。

下面这首张纲（一〇八三——一一六六）的《送釜孙省试》，可见他对孙儿的期许。同时，指点孙儿要把试场看作战场：

英髦云集几千人，群试争看艺绝伦。
一鼓搴旗先作气，三场下笔要如神。
决科无失青毡旧，拜赐重添绿绶新。
秀发孙枝吾欲见，梦魂已到上林春。

慕容彦逢（一〇六七——一一一七）到汴京赴试，以诗《赴省试到阙偶成》述说长途跋涉的苦况，所谓"崎岖千里到京阙，痛定回思双泪倾"，心灵的痛苦似比长途跋涉更深：

去年隋堤一丈雪，雪路苦寒那可行。
行人畏寒兼畏滑，满蹊坚冰如鉴明。
行装人与马成二，身不自惜劳人惊。
崎岖千里到京阙，痛定回思双泪倾。
伊予少小亲翰墨，应敌岂解前无勍。

176

今者西来皆计吏，妄与群俊争文鸣。

无田归耕曷为善，得失未易秋毫轻。

作歌聊用写情素，拥鼻微吟同洛生。

妻送夫赴举，情意深远。南宋刘鼎臣妻"剪彩花送夫省试"的《鹧鸪天》词曰：

金屋无人夜剪缯。宝钗翻作齿痕轻。临行执手殷勤送，衬取萧郎两鬓青。

听嘱咐，好看承。千金不抵此时情。明年宴罢琼林晚，酒面微红相映明。

北宋中期以后，殿试（廷试）不黜落参加的士人，也就是说他们已经登第了。所以吴芾《送侄赴廷试》喜气洋洋：

昔年三榜偶联荣，人道吾家好弟兄。

更喜鸰原俱有子，还来雁塔再题名。

衰宗正恐儒风坠，晚景那知好事并。

老子已为归去计，从今看汝奋鹏程。

在地方通过"乡试"（即解试）的士人，由地方官举行鹿鸣宴欢送这些"贡士"到京城去。宋祁（九九八——一○六一）《饯诸秀才赴举》诗曰："今日真良宴，欢举鸣鹿杯。"吴泳（嘉定元年〔一二○八〕进士）《谒金门》词咏"温州鹿鸣宴"：

金榜揭。都是鹿鸣仙客。手按玉笙寒尚怯。倚梅歌一阕。

柳拂御街明月。莺扑上林残雪。前岁杏花元一色。马蹄归路滑。

鹿鸣宴上的娱乐，有音乐（如上引的玉

笙），也有歌伎演唱。翁迈（一〇四〇一？）的
《鹿鸣宴赠歌伎》诗云：

> 年方十三四，娇羞懒举头。
> 舞余驹皎皎，歌罢鹿呦呦。
> 近座香先喷，持杯玉更柔。
> 高唐人去远，谁与话风流。

　　当时已经有"弥封"和"糊名"的措施，
就是与试者的名字以符号代表。蔡襄（一〇一
二——〇六七）在《州学饯送解发进士》诗中，
描写他做考官时担心有遗珠之憾，及至拆封比
对录取的姓名后，发现所得之士就是人们公认
的才俊：

> 今年郡国选多士，糊名仍旧搜瑕纇。
> 常忧玑贝随手遗，往往中夜起不寐。

拆封辨号指姓名，十九冥合州人议。

考场

苏洵（一〇〇九——一〇六六）失意于科场，写信给梅尧臣（圣俞，一〇〇二——一〇六〇）抱怨科场的辛苦经历，既冷且饿，竟似一场噩梦：

今乃以五十衰病之身，奔走万里以就试，不亦为山林之士所轻笑哉？自思少年尝举茂才，中夜起坐，裹饭携饼，待晓东华门外，逐队而入，屈膝据案。其后每思至此，即为寒心……

考场的监视相当严格。李觏（一〇〇九——一〇五九）诗提到"中贵当帐闌，搜索扁鞋底"。任考官的郑刚中（一〇八八——一一五四）的观察是："关防周罅隙，考校到毫缕。"而且不能写一个错字："杂置战场文，一字不轻与。"

士人通过乡试后，就到汴京参加礼部的"省试"。洪迈《夷坚志》载无名氏的《青玉案》词，咏举子赴省，把士人赴试时不能挟带，时间有限制，吃馊饭等情形，描写得淋漓尽致：

钉鞋踏破祥符路。似白鹭、纷纷去。试盝幞头谁与度。八厢儿事，两员直殿，怀挟无藏处。

时辰报尽天将暮。把笔胡填备员句。试问闲愁知几许。两条脂烛，半盂馊饭，一阵黄昏雨。

省试包括一天试诗赋，一天试论，一天试策。考完后考官必须花约两个月的时间，仔细阅卷，决定录取的进士名单。通过了省试的士人，最后参加由皇帝亲自主持的殿试。殿试只考诗赋与论。考官需要十天来决定高下。李若水（一〇九三——一一二七）送朋友赴集英殿参加殿试，诗曰：

近侍传呼到集英，参差宫殿晓霞明。

丹墀日对三千字，云翼风高九万程。

天子临轩应动色，诸生阁笔总销声。

胪传指日承新渥，千佛名经第姓名。

彭汝砺（一〇四二——一〇九五）曾经三次任殿试的考官，描写殿试曰：

数烛知归日（自注：殿试日赐烛一条。欧阳学士戏云：数烛知归日矣），思家似老人。

此凡三锁宿（自注：某自元祐初迄今，凡三为殿试官），今复一经旬。

猛着棋销日，深凭酒送春。

萧条双短鬓，半夜总如银。

从这首诗知道当时的考官需要在试院逗留十天，参加殿试的士人，可以写考卷到晚间，用完一支蜡烛为止。而担任考官的人则以诗、酒和围棋来打发被限制在试院中的无聊日子。

放榜

公元一一二一年（北宋宣和三年）三月十四日（阴历二月二十四日），清晨的汴京（开封），春寒料峭。这天科举放榜，赵鼎臣（一○六八一？）被命到贡院前维持秩序。赵鼎臣回想当年（元祐六年，一○九一）他考上进士，已经是三十年前的事了。一时诗兴大发，乃吟诗一首，诗题说明他到得太早，竟在门前打了一个瞌睡：《辛丑二月二十四日，以故事被檄诣贡院榜下诃止观者。五鼓至院前，榜未出，假寐门台之上……》。放榜后，又赋诗《榜出即事戏成》：

黄纸争看淡墨书，人人自恐姓名无。
用心正似争蛮触，出手何如得雄卢。
路人广寒人共羡，捷传城濮气争呼。
回想三十年前事，华发萧萧一病夫。

诗中比喻考场之争有如打仗，而登科之靠运气又如赌博。放榜时，中第的士人立刻平地青云，王珪（一〇一九——一〇八五）诗句有"高才顷刻闻天下，谁是墙东冠榜人"。榜上无名的士人，唉声叹气者有之，垂头顿足者有之，正是几家欢乐几家愁。

登第

南宋孙吉父父子同科登第，极为难得。袁
燮（一一四四——一二二四）吟诗庆贺：

几载英名表一乡，今年仙籍始浮香。
恩隆云汉颁宸翰，燕赐韶钧出教坊。
父子同登尤炜煜，诗骚为贶转铿锵。
愿言努力酬天造，勉使吾君冠百王。

葛立方（绍兴八年〔一一三八〕进士）的四
侄等候廷试，立方在宴席上作《减字木兰花》词：

摇毫铸藻。纵有微之应压倒。万里鹏程。
南省今书淡墨名。

胪传丹陛。月里桂花先着袂。雁塔高题。
玉季巍科尚觉低。

殿试后，及第进士的唱名（所谓"胪传"）是一个令人兴奋的典礼。杨万里（一一二七——一二〇六）诗《四月十七日侍立集英殿观进士唱名》描写当时的情形，同时回想自己当年登第：

殿上胪传第一声，殿前拭目万人惊。

名登龙虎黄金榜，人在烟霄白玉京。

香满乾坤书一卷，风吹鬓发雪千茎。

旧时脱却银袍处，还望清光侍集英。

取得功名的主要目的，就是替家族带来荣誉，欧阳修（一〇〇七——一〇七二）有这样的诗句庆贺朋友中第：

锦衣白日还家乐，鹤发高堂献寿荣。

何拯于大中祥符二年（一〇一五）登第，是他家第二个进士，所以《登第后作》诗里说他是何家第二个得到月宫桂枝的人，诗曰：

自古賨城继踵希，吾门多幸感昌时。
姮娥不惜蟾宫桂，从此何家第二枝。

魏野曾《送王辟赴举》，后来王衢、王辟兄弟同时登第，魏野又以诗《闻王衢王辟登第因有寄贺》祝贺王衢得到榜眼，王辟成为他的师弟（衣钵）：

人间第一荣，初得好科名。
万乘登楼看，三台让路行。
搜罗空草泽，宴会敌蓬瀛。
榜眼兼衣钵，偏依野客情。

周行己（元祐六年进士，一○九一）《送王天粹登第归》曰：

> 王氏青箱学，名家千里驹。
> 朝廷求士急，吾子应时须。
> 上第人皆有，高才世久虚。
> 别君谁暖眼，书信莫令疏。

王之道庆贺朋友郑毅夫及第的《庆清朝》词中有句："鸣鞘绕，锦鞯归路，醉舞醒狂。"登第的士人家族的欢欣，亲朋的庆贺，可以在这首李纲（一○八三——一一四○）为朋友之子写的贺诗见其一斑：

> 怪底春山桂开早，仙籍浮香远相告。
> 固知钟爱在贤郎，谁谓笔根无显报。
> 亲宾来贺如云奔，车马煌煌于氏门。

七杯燕客吾未与，应欲特开东阁樽。

陈彦博读书作文四十年，终于登第后，回乡拜谢祖先。李流谦（一一二三——一一七六）以诗送他，于称赞努力为学的朋友外，有这样的句子描写他到陈家去贺喜的盛况：

十月十日夜漏尽，小奚惊梦来打扉。
云有吉报可速起，倒穿衣裳喘而驰。
贺者已满座无处，拍手怪我来何迟。
淋淳一纸见名字，仓卒未省来其谁。
喜欢不记语杂乱，但说老眼天不眵。
明朝再拜酌酒贺，屋角一丈飞虹蜺。

自己的子弟登第，当然是更值得骄傲的事。于是当李纲的七弟得到这个荣誉的时候，李纲有这样的诗句庆祝父子在四十年中相继中举的盛事：

> 吾家世儒业，教子惟一经。
>
> 迩来四十载，父子三成名。
>
> ……
>
> 尔今又登第，相去才九龄。
>
> 勤劳酬素志，烜赫振家声。
>
> ——《闻七弟叔易登科》

儿子登第，父母欣喜若狂。张师锡（仁宗朝人）的《喜子及第》诗云：

> 御榜今朝至，见名心始安。
>
> 尔能俱中第，吾遂可休官。
>
> 贺客留连饮，家书反覆看。
>
> 世科谁不继，得慰二亲难。

葛书思（熙宁六年进士）《喜子胜仲及第》庆祝两子次仲和胜仲同年登第，把重点放在今后子孙应当好好读书，能够继续不断地有人登第：

广场笔阵数千人，喜汝穿杨箭镞亲。

庆绪绵长时幸会，文科兴复事还新。

昔年继榜熙宁岁，今偶同科绍圣春。

从此莫教书种断，孙曾应复值昌辰。

蔡襄（一〇一二一一〇六七）诗《喜弟及第》，也道出科举成功后双亲得到的安慰："连登桂籍青袍客，共拜萱堂白首亲。"

士人登第，自己也有诗词庆祝。除下文所引郑獬的诗外，此处录姚勉（一二一六一一二六一）中状元后写的一首《贺新郎》的前半阕：

月转宫墙曲。六更残、钥鱼声亮。纷纷袍鹄。黼坐临轩清跸奏，天仗缀行森肃。望五色、云浮黄屋。三策忠嘉亲赐擢，动龙颜、人立班头玉，胪首唱，众心服。

落第

由于参加科举的人极多，竞争激烈，有的士人屡战屡北，以致头发已白还在科场努力。朝廷会把功名赐给一些拒绝放弃的老人。欧阳修送郑革赐第还乡诗有句曰：

少年乡誉叹才淹，六十犹随贡士函。
握手亲朋惊白发，还家闾里看青衫。

王禹偁（九五四——一○○一）有一首诗描

写朋友朱严羁留汴京求取科第，而一家人陷入困境的苦况：

未得科名鬓已衰，年年憔悴在京师。
妻装秋卷停灯坐，儿趁朝餐乞米炊。
尚对交朋赊酒饮，遍看卿相借驴骑。
谁怜所好还同我，韩柳文章李杜诗。

人们对于落第的士人，以诗歌来对他们表达同情或鼓励。刘攽（一〇二三——〇八九）送郑五诗曰：

万里河西路，怜君徒步归。
……
壮心须慷慨，勿学泪沾衣。

许景衡（一〇七二——一二八）这首送兄

长落第还乡的诗，于悲怆中见手足之情：

> 江边送我赴瀛洲，风物萧萧又见秋。
> 百岁能禁几回别，此生已是十年愁。
> 塞鸿自觉东南远，汴水谁教日夜流。
> 泪湿西风知有寄，尘沙漠漠漫回头。

司马光（一○一九——一○八六）《送何万下第归蜀》诗，说何万虽然十举不中，并不表示他才具不如人，希望他仍然"守儒术"：

> 十上终无就，才高定复论。
> 清时守儒术，白首在丘园。
> 远树隐残日，孤烟生暮村。
> 扬鞭万里去，几许不销魂。

当时人对于科举有许多批评，欧阳修讥讽

参加进士举的士人，说他们只是为了名利：

本欲励贤敦古学，可嗟趋利竞朋来。

由于科举不重思想而拘泥于形式，颇多士人的程度很差。如欧阳修对于试明经大义的考卷很不满意：

庠序制犹阙，乡闾教不行。
古于经学政，今也艺虚名。
来者益可鄙，待之因愈轻。
无徒诮其陋，讲劝在公卿。

他认为科举的基本问题，是没有建立学校教育的制度。士人们基础差，却浪得虚名，这种没有学问的人愈多，则他们愈不为朝野人士重视。最后他呼吁当政者应当正视这种情形，加以改革。

　　同时，科举考试遗漏了很多人才。郑獬（一〇二二——一〇七二）安慰一位姓樊的士人下第：

　　　　平时爱子多集句，此日金刀得剪裁。
　　　　自谓罗中先得隽，岂知天外已遗才。
　　　　炉开遂失黄金矿，石划犹藏白玉杯。
　　　　独倚西风倍惆怅，却忧车马到门来。

诗中意指朝廷没有罗致像樊秀才这样的才俊，就像失落了黄金矿和白玉杯一样，而郑獬自己也曾经失意过。

"何必泪满襟"

宋仁宗皇祐元年（一〇四九）放榜，郑獬找不到自己的名字，拉了他旁边的好友孙仲叔去喝酒。此时酒楼尚未开始营业，于是他们两人就去游览金明池，有诗曰：

骑杀青都白玉麟，归来狂醉后池春。

人间得丧寻常事，不避郎君走马尘。

汴京城里风沙飘扬，两人身上沾了不少灰尘。正如王令（一〇三二—一〇五九）送朋友去赶考的诗《送李公安赴举》，描写士人蜂拥到京城参加科举考试的盛况：

行子冠上尘，梁宋道傍土。

尘逐冠敝损，人来还复去。

马蹄日月长，踏尽西北路。

近者何纷纷，姿状颇秀举。

传言天子诏，士得四方赴。

来如鹊翅翻，去若蝇头聚。

市儿屈指数，过百日未暮。

……

汴京的酒楼是当时全世界最发达最奢华的去处。据当时人描写，有的楼高三层，楼上有"浓妆妓女数百，……以待酒客呼唤"。郑獬和孙仲叔就在酒楼上消磨了一整天。两人和酒友滕元发（一〇二〇——一〇九〇）不期而遇。这滕元发后来和郑獬号称"滕屠，郑沽"。谈天说地之余，郑獬深觉辜负了双亲的期望，仍然雄心未泯，借着七分酒意，赋诗《下第后与孙仲叔饮》，决心卷土重来：

万里青云失意深，画楼酒美共登临。

不羞独落众人后，却是重辜亲老心。

一缺不完非折剑，至刚无屈是精金。

男儿三十年方壮，何必尊前泪满襟。

皇天不负苦心人，四年后（皇祐五年，一〇五三），郑獬竟然考中了状元。朋友滕元发第三。如愿以偿之余，郑獬有诗曰：

文闱数战夺先锋，变化须知自古同。

霹雳一声从地起，到头身是白云翁。

郑獬在神宗朝官至翰林学士，以与王安石不同路，出知杭州，徙青州。后来嗜酒落魄，所作多首诗歌与酒有关。如《巽亭小饮》：

花开花落何须问，劝尔东风酒一杯。

世事正如沧海水，早潮才去晚潮来。

　　仕途崎岖，能够一帆风顺的人究竟是少数。多数人的心声，有如张舜民（治平二年进士，一〇六五）在试院考后进时的感触《试院感怀》：

　　折腰州县中，糊口道路边。
　　……
　　憔悴有今日，光辉思昔年。